Theodor Häring

Dikaiosyn theou bei Paulus

Theodor Häring

Dikaiosyn theou bei Paulus

ISBN/EAN: 9783744663540

Hergestellt in Europa, USA, Kanada, Australien, Japan

Cover: Foto ©ninafisch / pixelio.de

Weitere Bücher finden Sie auf **www.hansebooks.com**

Von

THEODOR HÄRING
DOKTOR UND PROFESSOR DER THEOLOGIE IN TÜBINGEN

ΔΙΚΑΙΟΣΥΝΗ ΘΕΟΥ
BEI PAULUS

VON

THEODOR HÄRING
DR UND ORDENTLICHER PROFESSOR DER THEOLOGIE IN TÜBINGEN.

Die folgende Untersuchung knüpft an die Thatsache an, dass die lange Zeit fast zur Alleinherrschaft gekommene Deutung dieser paulinischen Worte in den letzten Jahren ernste Angriffe erfahren hat. Die geläufige ist bekanntlich: Gerechtigkeit, die Gott dem Menschen verleiht (gen. aut.); die wieder aufs neue sich geltend machende: Gerechtigkeit, die Gott eignet (gen. qual. bezw. possess.), wobei wir vorläufig von allen, fast unzählbaren Einzelunterschieden in der Vertretung beider Ansichten absehen können. Die erste ist schon aus dem äusserlichen Grund in einer günstigen Position, dass sie auf den ganz ungewöhnlichen Consensus von Vertretern aus entgegengesetzten Lagern sich berufen kann; es sei nur auf die Namen Baur, Meyer, Weiss, Godet, Holsten, Lipsius hingewiesen. Dazu kommt, dass das reformatorische Verständnis des Paulus, da doch die Übersetzung „Gerechtigkeit vor Gott" sprachlich sich nicht halten lässt, an jene erstgenannte Deutung sich leichter anzuschliessen scheint. Man behält dabei den Gedanken der dem Menschen irgendwie zuerkannten Gerechtigkeit; und, stammt sie von Gott, so gilt sie natürlich auch vor Gott, an diesem Gelten vor Gott aber hängt wirklich das religiöse Interesse. Es müssen daher starke, teils aus der Sprache, teils aus dem Zusammenhang genommene Gründe vorhanden sein, wenn die weitverbreitete Erklärung wirklich entwurzelt werden soll.

Sehe ich recht, so ist dazu ein grosser Schritt geschehen durch die Untersuchung Kölbings (Theol. Studien und Kritiken 1895 S. 7 ff. δικαιοσύνη θεοῦ in Röm. 1,17). Nemlich dadurch, dass er mit Bewusstsein die Gott eignende Gerechtigkeit von Gottes Richterwalten fasst; wenn man, wie, in verschiedener Weise im einzelnen seine Vorgänger thaten, an die innere Rechtbeschaffenheit Gottes, seine ethische Vollkommenheit denkt, so musste jeder, der bemüht ist, die neutestamentliche Gedankenwelt von ihrer alttestamentlichen Grundlage aus zu verstehen, von vornherein misstrauisch bleiben. Seine Erklärung, dass Gerechtigkeit Gottes Attribut seines Richterwaltens sei, bestimmt dann Kölbing genauer dahin, dass es nach dem ganzen Zusammenhang des Römerbriefs in der Heilszuwendung sich erweise, also die Gerechtigkeit Gottes freisprechende, erlösende Gerechtigkeit sei; und darauf führe auch notwendig der alttestamentliche Sprachgebrauch, namentlich der der Psalmen und des zweiten Jesaja. In der weitern Ausführung dieses, wenn man überhaupt auf ein solches Verständnis von δικαιοσύνη θεοῦ eingehen will, gewiss berechtigten Gedankens hat Kölbing dargelegt, dass die freisprechende erlösende Richtergerechtigkeit Gerechtigkeitsverleihung an den Menschen der Sache nach in sich schliesse, eben dadurch, dass er ihn in die Lage eines Gerechten durch Heilsverleihung bringt (a. a. O. S. 12). Auf ein hiebei mögliches Missverständnis, die Zurückdrängung der zunächst entscheidenden Frage, ob δικαιοσύνη θεοῦ in diesen Zusammenhängen dem Worte nach irgend etwas anderes bedeuten könne als rechtfertigende Thätigkeit Gottes, habe ich in den th. Studien und Kritiken 1895 S. 139 ff. hingewiesen, damit nicht das, wie mir scheint, so sehr der Beachtung

Werte an Kölbings Aufsatz durch etwaigen Widerspruch gegen jene weitere Ausführung verloren gehe. Nun ist aber dieser Hinweis ohne ausführlicheren Beweis schwerlich überzeugend und wie Kölbings Arbeit auf Röm. 1₁₇ beschränkt. Dazu kommt, dass letztere überhaupt nur eine bestimmte Seite der Sache ins Auge fassen wollte, neben der andere sich gleichberechtigt hervordrängen. Und da es sich um einen der bedeutsamsten Gedanken paulinischer Verkündigung handelt, darf jeder Beitrag, wenn er der Sache dient, sich geltend machen. Ausdrücklich sei bemerkt, dass ausser Kölbings Aufsatz auch die andern Arbeiten, die unsre Frage in den letzten Jahren gefördert haben, hier vorausgesetzt werden, ich erwähne ausser den Commentaren oder grössern biblisch-theologischen Werken namentlich A. Michelsen, Zeitschr. f. k. Wiss. u. k. L. 1884 S. 135 ff.; Fricke, der paulinische Grundbegriff der δικαιοσυνη θεου Leipzig 1888 S. 17 ff.; Hausleiter, der Glaube Jesu Christi u. s. w. Leipzig 1891 S. 39 f.; Kühl, die Heilsbedeutung des Todes Christi 1891 S. 4 ff. S. 35 ff. S. 55 ff.; A. Seeberg, der Tod Christi 1895 S. 188 ff.; Schnedermann, der israelitische Hintergrund in der Lehre des Apostels Paulus von der Gottesgerechtigkeit aus Glauben 1895. Herm. Beck, δικαιοσυνη θεου bei Paulus, Neue Jahrbb. f. deutsche Th. 1895 S. 249 ff.; A. Schlatter, der Glaube im N. T. 2. Aufl. Stuttgart 1896 S. 197 ff.; Cremer, bibl.-theol. Wörterbuch 6. Aufl. 1895.

Die Untersuchung wird wesentlich erleichtert, wenn zwei Gesichtspunkte im voraus betont werden, deren Vernachlässigung fast notwendig gegen jeden derartigen Versuch, δικαιοσυνη θεου nicht in der hergebrachten Weise zu erklären, einnimmt. Es ist einmal notwendig, ausdrücklich zu sagen, dass der Gedanke einer von Gott dem Menschen zuerkannten Gerechtigkeit durchaus paulinisch sein kann, ja ohne Zweifel ist, ohne dass damit auch nur das Geringste zugunsten der hergebrachten Deutung von δικαιοσύνη θεοῦ gesagt ist. Darüber unten mehr. Hier genügt der Verweis auf Phil. 3₉, wo der Gegensatz zu ἡ ἐμὴ δικαιοσύνη — ἡ ἐκ θεοῦ δικαιοσύνη ist, und wo es am nächsten liegt, an die von Gott ausgehende, zuerkannte, verliehene Gerechtigkeit des Paulus zu denken, also deutlich an eine Gerechtigkeit des Menschen, aber als eine von Gott geschenkte. Nun ist aber nichts, schon rein logisch betrachtet, ungerechtfertigter als dies, ἡ ἐκ θεοῦ δικαιοσύνη in diesem ganz klaren Gegensatz zu ἡ ἐμὴ δικαιοσύνη zur Erklärungsnorm von δικαιοσύνη θεοῦ zu machen; schon ganz im allgemeinen liegt es näher zu sagen, wenn Paulus dasselbe meinte, würde er wohl auch denselben unzweideutigeren Ausdruck gebraucht haben. Während diese eine Vorbemerkung die Aufgabe nach Seite des Stoffs ganz genau umgrenzt, nemlich auf die wenig zahlreichen und doch in so wichtigem Zusammenhang vorkommenden Stellen beschränkt, in denen δικαιοσύνη θεοῦ steht, mithin völlige Freiheit für alle andern lässt, in denen von δικαιοσύνη die Rede ist, so betrifft der andere notwendige Vorbehalt den religiösen Sinn von δικαιοσύνη θεοῦ, und betont, dass dieser von der folgenden Untersuchung weithin unabhängig ist: nemlich die Frage, wodurch sich diese rechtfertigende Thätigkeit Gottes vermittle, welche Bedeutung namentlich der Kreuzestod Christi habe; und ferner, inwiefern mit diesem richterlichen Heilswalten Gottes eine Veränderung in den Menschen, die gerechtfertigt werden, gesetzt sei. Beispielsweise kann, was Schlatter a. a. O. über die Vermittlung der Gerechtigkeit durch das Gericht an Christus ausführt, den Beweis aus dem übrigen paulinischen Zeugnis vorausgesetzt, behauptet werden, wie immer man die δικαιοσυνη θεου fasse; ebenso hängt die Richtigkeit oder Unrichtigkeit an den Aufstellungen J. T. Beck's keineswegs an Annahme oder Ablehnung des im Folgenden begründeten Ergebnisses als solchen. Damit ist natürlich nicht verzichtet auf den Vorteil, den jede sprachrichtige Deutung schliesslich auch für die Gesamtauffassung einer schwierigen Gedankengruppe üben muss. Aber es ist notwendig, davon zunächst ganz abzusehen, weil sonst unkontrolierbare „Gesamtanschauungen" sich störend einmischen.

Im übrigen ergeben sich zunächst folgende zwei Aufgaben von selbst. Eine so umstrittene Übersetzung wichtiger Worte ist ganz deutlich nur zu machen durch Erinnerung an **die entgegenstehenden Möglichkeiten**: hier aber selbstverständlich gerade nicht mit dem Zweck der Vollständigkeit im einzelnen, sondern einer geordneten Übersicht der wichtigsten, da gerade dies bei der fast unendlichen Fülle geschichtlich aufgetretener Erklärungen leicht zu kurz kommt. Darauf folgt die **Begründung für die vorgezogene Deutung**.

Der Hinweis auf Phil. 3₉ hat schon gezeigt, wie leicht die Fragestellung verwirrt wird, wenn man sich nicht genau an **die Stellen** hält, in denen Paulus **ausdrücklich** von δικαιοσυνη θεου redet. Dies ist neunmal der Fall.

1) Röm. 1₁₇ δικαιοσύνη θεοῦ ἐν αὐτῷ ἀποκαλύπτεται,
2) 3₅ ἡ ἀδικία ἡμῶν θεοῦ δικαιοσύνην συνίστησι,
3) 3₂₁ χωρὶς νόμου δικαιοσύνη θεοῦ πεφανέρωται,
4) 3₂₂ δικαιοσύνη δὲ θεοῦ διὰ πίστεως Ἰ. Χ.
5) 3₂₅ εἰς ἔνδειξιν τῆς δικαιοσύνης αὐτοῦ,
6) 3₂₆ πρὸς τὴν ἔνδειξιν τῆς δικαιοσύνης αὐτοῦ,
7) 10₃ ἀγνοοῦντες τὴν τοῦ θεοῦ δικαιοσύνην,
8) 10₃ τῇ δικαιοσύνῃ τοῦ θεοῦ οὐχ ὑπετάγησαν,
9) 2 Kor. 5₂₁ ἵνα ἡμεῖς γενώμεθα δικαιοσύνη θεοῦ ἐν αὐτῷ.

Es sind also mit Ausnahme der letzten lauter dem Römerbrief angehörige Stellen. Mit Recht hat man bei den Verhandlungen über δικαιοσύνη θεοῦ auch erinnert an Gal. 3₂₃ εἰς τὴν μέλλουσαν ἀποκαλυφθῆναι πίστιν; aber die Parallele betrifft nicht direkt unsre Frage, sondern den charakteristisch paulinischen Gebrauch von ἀποκαλύπτειν und πίστις, speziell δικαιοσύνη πίστεως; Rö. 4₁₁, gerade nicht θεοῦ. Unter den Stellen des Römerbriefs gehört 1₁₇ mit 3₂₁.₂₂ am engsten zusammen, weil von einem ἀποκαλύπτεται und πεφανέρωται der δικαιοσύνη θεοῦ die Rede ist; diese Stellen wieder sehr nahe mit 3₂₅.₂₆, sofern das Substantiv ἔνδειξις jedenfalls einen den ebengenannten Verbis nächst verwandten Sinn hat (vgl. ex. 9₁₆ LXX. 2 Macc. 9₈ ἐνδεικνύσθαι.) Die Zusammennahme der Stellen, in denen αὐτοῦ steht, mit denen, die θεοῦ haben, bedarf keines Beweises; die oft angegebene Erklärung des fehlenden Artikels in 1₁₇ 3₂₁.₂₂ keiner Wiederholung. Wohl aber lässt sich die Frage nicht umgehen, ob der durch die genannten Stellen umgrenzte Stoff unsrer Untersuchung sich etwa noch vermehre, sofern eine Reihe anderer Aussagen zwar nicht ausdrücklich δικαιοσύνη mit θεοῦ oder αὐτοῦ verbunden zeige, aber in ihrem Zusammenhang gerade die Deutung am nächsten lege, die für δικαιοσυνη θεου (αὐτου) als die wahrscheinlichste im Folgenden nachgewiesen werden soll. Allein, wie man auch über diese Aussagen urteile, jedenfalls ist hier der zu Anfang hervorgehobene Gesichtspunkt streng festzuhalten: es darf nicht durch ihre Verwertung der Hauptfrage, was das ausdrückliche δικαιοσυνη θεου heisse, auf einen unsichern Boden gestellt werden. Denn dass δικαιοσυνη auch die dem Gläubigen zuerkannte heissen könne, ist unbedingt anzuerkennen; der Streit, in wie vielen Stellen dies der Fall sei, ob in einem Teil derselben vielmehr die rechtfertigende Thätigkeit Gottes gemeint sei, ist zum mindesten an diesem Punkt der Untersuchung, wahrscheinlich aber überhaupt endlos und wertlos. Nur unter dieser Voraussetzung seien einige genannt, um wenigstens erkennen zu lassen, dass die hergebrachte Erklärung auch an ihnen so selbstverständlich nicht ist, wie eben die Gewohnheit glauben macht. In Röm. 5,17 21 8,10 9,30 31 1. Co. 1,30 2. Co. 3,9 passen beide Fassungen in den Zusammenhang. In Röm. 5,17 kann die Parallele zu της χαριτος sehr geneigt machen, της δικαιοσυνης auch als göttliche Eigenschaft bezw. Thätigkeit zu verstehen, zumal sofort in V. 18 δικαιωσις ζωης folgt. Und hat man diesen Ausdruck von V. 18 in V. 21 noch in Gedanken, und erwägt man das so ganz aktive ἵνα ἡ χαρις βασιλευση, so empfiehlt sich auch hier dieselbe Deutung von δικαιοσυνη, während ἁμαρτια, eine Bestimmtheit der betreffenden Subjekte*), es näher legt, auch im Parallelglied δικαιοσυνη von einer solchen zu verstehen. Zu 5,21 ist 8,10 eine merkwürdige Parallele. Kraftvoll erscheint auch hier die Fassung: der Geist ist Leben wegen Rechtfertigung; wieder aber ist ἁμαρτια ein

---

*) s. Anmerkung hinten.

Halt der gewohnten Übersetzung. Auch 1. Cor. 1,30 zeigt ein Doppelgesicht. Zu ἀπολύτρωσις passt δικαιοσυνη im Sinn von Gottes Gerechtigkeit = rechtfertigendes Walten vortrefflich; Christus ist das persönliche rechtfertigende Richterwalten und endgiltige Erlösen Gottes; aber ἁγιασμος nach der jetzt meist anerkannten Deutung wird andere auch hier lieber an die uns verliehene Gerechtigkeit denken lassen. Besonders matt erscheint diese letztere Deutung in 2. Cor. 3,9 namentlich neben καταχρισις; hier dürfte sich „das heilschaffende Richterwalten Gottes" am ehesten durchsetzen. Die Stelle ist um so merkwürdiger, wenn man das parallele καταχριμα — δικαιωσις in Röm. 5,18 beachtet. Aber von einem zwingenden Beweis kann auch hier nicht die Rede sein. Endlich fallen Stellen wie δικαιοσυνη τῆς πιστεως Röm. 4,11 wegen der deutlichen Beziehung zu λογιζεσθαι πιστιν εἰς δικαιοσυνην 4,4. 9. 22 ausser Betracht und denen zu, die unleugbar von einer dem Menschen zugesprochenen Gerechtigkeit handeln. Mithin bleibt es bei dem beschränkten, aber auch deutlich bestimmten Material, jenen acht Stellen des Römer- und der einen des zweiten Korintherbriefs.

Anhangsweise darf aber noch erwähnt werden, dass ausserhalb der paulinischen Briefe δικαιοσυνη θεου (αὐτου) noch dreimal vorkommt. In Jac. 1,20 ὀργη ἀνδρὸς δικαιοσυνην θεου οὐ κατεργαζεται passt keine der für Paulus am meisten in Betracht kommenden zwei Erklärungen; am besten die Rechtsforderung Gottes, was durch Ps. 4,9 118,142 LXX unbestreitbar ist. In 2. Petr. 1,1 τοις ἰσοτιμον ἡμιν λαχουσι πιστιν ἐν δικαιοσυνῃ του θεου ἡμων κα. σ. Ἰ. Χρ. erkennt auch Cremer (a. a. O. S. 302) die (erlösende) Gerechtigkeit Gottes, was insofern von Interesse ist, als, wie wir sehen werden, bei Paulus diese vom Alten Testament aus nächstliegende Deutung von Gottes Gerechtigkeit noch immer von den meisten abgelehnt wird. Matth. 6,33 lässt sich, schon wegen der Schwierigkeit der Lesart, nicht nebenbei entscheiden; man darf aber sagen, dass die Deutung von der Gott gleichartigen Gerechtigkeit den grössten sprachlichen wie sachlichen Bedenken unterliegt: wo fänden sich dafür die alt- und neutestamentlichen Voraussetzungen und neutestamentlichen Analogieen? Denn M. 5,48 steht eben nicht δικαιοι, sondern τελειοι. Liest man mit B τὴν δικαιοσυνην και τὴν βασιλειαν αὐτου, so kann man entweder δικαιοσυνη absolut nehmen; oder, das αὐτου auch zu δικαιοσυνη beziehend, kann man, wie es oben zu Jac. 1,20 empfohlen wurde, die von Gott geforderte verstehen, ganz wohl aber auch eine Parallele zu 2. Petr. 1,1 und dem nachher bei Paulus befürworteten Sprachgebrauch annehmen, ohne dass man irgend in gekünstelter Weise die bestimmte paulinische Terminologie einzumengen brauchte, wodurch die alte Meyer'sche Erklärung der Stelle in Abgang gekommen ist.

Versuchen wir nun einen möglichst einfachen Überblick über die verschiedenen Deutungen von δικαιοσυνη θεου in den genannten Stellen, so müssen wir unterscheiden die genau umgrenzten, nach der obersten Erklärungsregel gebildeten, dass ein Wort in bestimmtem Zusammenhang nur einen bestimmten Gedanken ausdrücken kann — sie sind nachher in A I aufgeführt —, und die von dieser Regel sich bewusst oder unbewusst dispensierenden, die mehrere von jenen an erster Stelle zu nennenden verbinden wollen, freilich eben dadurch von vornherein berechtigtem Misstrauen sich aussetzen, sie sind in der Tabelle mit A II bezeichnet. Sodann aber — siehe in der Tabelle Ziffer B — müssen wir uns vergegenwärtigen, dass keineswegs an sämtlichen genannten Stellen dasselbe Wort auf die gleiche Weise erklärt wird, eine Thatsache, worin gleichfalls wieder ein Beitrag zu der nachfolgenden Beurteilung liegt. Diese wird aber überhaupt erleichtert sein, wenn die verschiedenen Versuche lediglich in Form einer übersichtlichen Tabelle vorangestellt werden. Denn unleugbar hat das sofortige Gegeneinanderabwägen der Möglichkeiten leicht den Erfolg, dass sie nicht deutlich genug auseinandertreten und infolge davon auch ihr Wertverhältnis verdunkelt wird, Wertloses nicht sofort vom Wertvollen sich abhebt.

Was die genau bestimmten (s. Tabelle A I) Deutungen betrifft, so bieten sich verschiedene Einteilungsgründe dar. Ein kurzer Hinweis auf sie dient selbst schon der völligen Klarheit und schützt vor den nach dem Zeugnis der Commentare noch immer vorkommenden Verwechslungen. Der Überblick über die Geschichte der Erklärung von δικαιοσύνη θεοῦ lässt als einen Hauptunterschied die Fassung des Genitivs θεοῦ als eines objektiven oder subjektiven erkennen. Ersterer kann der Natur der Sache nach — von einem Gerechtgemacht = gesprochen werden Gottes ist ja nicht die Rede — freilich überhaupt nur im weiteren Sinn in Betracht kommen, Gerechtigkeit (des Menschen) vor Gott. Letzterer befasst eine Fülle ganz entgegengesetzter Deutungen. Sie gruppieren sich aber sofort, wenn man fragt, ob von Gerechtigkeit die Rede ist, die direkt Gott selbst, seinem Wesen oder Verhalten eignet, oder aber von Gerechtigkeit, die direkt Gerechtigkeit des Menschen ist, aber indirekt, in irgend einer bestimmten Beziehung als Gerechtigkeit Gottes, als ihm zugehörige, namentlich von ihm als Urheber ausgehende bezeichnet werden kann. Nun ist deutlich, dass dieser Unterschied, ob es sich um Gottes Gerechtigkeit handelt oder um menschliche, die irgendwie als die Gottes in Betracht kommt, grösser ist als jener zuerst in die Augen fallende, ob der Genitiv ein subjektiver oder objektiver (im weitern Sinn) ist; denn bei dieser, „Gerechtigkeit vor Gott", handelt es sich ja auch um Gerechtigkeit des Menschen. Und eben dies, dass von menschlicher Gerechtigkeit die Rede sei, scheint vielen gegenwärtig unmittelbar durch den Zusammenhang bewiesen zu werden: man vgl. z. B. B. Weiss, Commentar 8. Aufl. S. 70 zu Röm. 1,17: „im Zusammenhang muss etwas gemeint sein, was zur Errettung führt, wie denn auch Habak. 2,4 von dem Menschen als δίκαιος die Rede ist. Es muss daher eine Beschaffenheit des Menschen gemeint sein, die ihn der Errettung gewiss macht, nemlich die normale, gottwohlgefällige Beschaffenheit, welche keinen Zorn Gottes mehr zu fürchten hat". Nun liegt, von Hab. 2,4 hier noch abgesehen, die Gegenfrage sehr nahe: „etwas, was zur Errettung führt" wird doch wohl auch das göttliche Rechtfertigungsurteil sein; von einem Beweis für die „Beschaffenheit des Menschen" ist also keine Rede, so zuversichtlich derselbe auch auftritt. Umgekehrt kann man, auch wieder von allem einzelnen abgesehen, wovon später die Rede ist, sich des Eindrucks kaum erwehren, dass jeder noch nicht durch exegetische Tradition bestimmte Leser „Gerechtigkeit Gottes" so lang von Gottes Gerechtigkeit, von irgend wie direkt Gott selbst eignender verstehen wird, bis er sich von der Unmöglichkeit dieser Fassung überzeugen muss. Mithin empfiehlt es sich, diese beiden Hauptmöglichkeiten zum

Einteilungsgrund für die Übersichtstabelle A. I. zu machen, und zwar so, dass die im allgemeinen Besitzrecht befindliche voransteht.

A. Die wichtigsten Erklärungen von δικαιοσυνη θεου,
  I. Die einfachen, in sich genau bestimmten (eindeutigen):
   1. Die dem Menschen eignende (zugesprochene, verliehene s. Anm.) Gerechtigkeit, die in einer bestimmten Beziehung als Gerechtigkeit Gottes bezeichnet wird:
      a. so dass man θεου als gen. obj. (im weiteren Sinn, s. o.) fasst: indem jene Gerechtigkeit des Menschen vor Gott gilt (Luther),
      b. so dass man θεου als gen. subj. fasst:
         α. als gen. qual., beziehungsweise possess., die Gott eignende,
            aa. „indem jene Gerechtigkeit des Menschen (als Verhältnis zu Gott), in Gottes Bereich gehört, von ihm abhängig ist, ihr Begriff von Gott bestimmt wird" (Schnedermann a. a. O.),
            bb. „indem das für Gerechterklärtwerden des Menschen Gottes ist, weil nur Er ihr Eigner ist und folgedessen nur er sie giebt und geben kann, (vgl. zu letzterem β)" (Fricke a. a. O.),
         β. als gen. autoris, die von Gott ausgehende, hergestellte Gerechtigkeit des Menschen im Verhältnis zu Gott (z. B. Meyer, Lipsius Komm., B. Weiss, die meisten).
            Anm. Bei dieser ganzen Gruppe ist, entsprechend dem einen zu Anfang gemachten Vorbehalt, zu betonen, dass die Frage ganz

offen bleibt, ob es sich um zugerechnete oder effektiv mitgeteilte Gerechtigkeit handelt, wie ein Vergleich etwa zwischen B. Weiss und Reithmayr (Kommentar zum Römerbrief 1845) beweisen mag, die mit der sprachlich gleichen Erklärung den entgegengesetzten Sinn verbinden, was der letztere ausdrücklich hervorhebt (a. a. O. S. 72 ff.).

2. Die Gott eignende Gerechtigkeit (gen. subj., direkt auf Gott bezogen, s. o.), und zwar:
  a. seines Wesens in verschiedenen Modifikationen,
    α. ganz allgemein von der „ethischen" Vollkommenheit Gottes, vgl. justitia essentialis bei A. Osiander,
    β. nach einzelnen Seiten, z. B.
      aa. Schuldfreiheit (Otto),
      bb. veracitas (Ambrosius), benignitas (Hugo Grotius, Semler),

> Anm. Naturgemäss ist der Unterschied von a. und b. fliessend, aber es ist doch nicht unwesentlich, ob auf das Wirken Gottes absichtlich reflektiert wird oder nicht.

  b. seines Verhaltens, Waltens, Wirkens,
    α. ohne ausdrückliche Beziehung auf das Walten Gottes als das des Richters,
      aa. rein formal das seiner Norm entsprechende Verhalten Gottes (Kühl a. a. O.),
      bb. inhaltlich bestimmt das den göttlichen Reichszweck verwirklichende heilschaffende Walten Gottes (Ritschl),
    β. mit ausdrücklicher Beziehung auf Gottes richterliches Walten,

aa. von der justitia distributiva, speziell der strafenden Gerechtigkeit, (teilweise die altprotestantischen Dogmatiker, und s. zu Röm. 3₂₅, vgl. Luthers erlerntes ihn so unselig machendes Verständnis).

bb. von dem heilschaffenden, rechtfertigenden Richterwalten Gottes (Kölbing a. a. O.).

II. Die Kombinationen mehrerer in I. aufgeführten Erklärungen. Es genügt hiefür einige Beispiele anzuführen.

1. Eine Kombination von I. 2. a. mit I. 1. b. β. ist Ewalds Erklärung: Gerechtigkeit als Kraft und Lebensgut, an deren Güte der Mensch vollen Anteil nehmen muss und kann. Oder Volkmars: Gerechtigkeit, welche Gott hat und giebt.

2. Eine Kombination so gut wie aller in I. genannten Erklärungen versucht Beck (Römerbrief S. 91), die deswegen hier stehen möge: „Die Gerechtigkeit Gottes erschliesst sich im Evangelium . . . als eine Wirksamkeit Gottes (s. o. I. 2. b.), die von Gottes eigener Gerechtigkeit (s. o. I. 2. a.), speziell von seiner in Christo sühnenden und mit sich versöhnenden Gerechtigkeit (s. o. I. 2. b. β. aa. und bb.) ausgeht und in den Glaubenden als belebende Gotteskraft heilskräftig eingeht, so dass der Mensch selber aus dem Glauben heraus eine Gerechtigkeit erhält, die aus Gott ist (s. o. I. 1. b. β.) und eben darum auch vor Gott gilt (s. o. I. 1. a.)." Verwandt Schlatter s. sp.

B. Verwendung dieser Erklärungen an den von der δικαιοσυνη θεου handelnden oben genannten Stellen.

I. Gleiche Erklärung an allen Stellen. Hier genügen wieder Beispiele:
1. Gleiche, einfache (s. A. I.),
    a. A. I. 1. a. nemlich Gerechtigkeit, die vor Gott gilt, hat Luther mit grossartiger Konsequenz an allen Stellen ausser 3_5, über das später.
    b. A. I. 2. b. α. aa. das der göttlichen Norm entsprechende Verhalten, Kühl an allen Stellen.
2. Gleiche, kombinierte (s. A. II.), nemlich A. II. 2. hat Beck an sämtlichen Stellen.
II. Verschiedene Deutung an den einzelnen Stellen.
    1. Nach A. I. 2., also direkt von der Gott selbst eignenden Gerechtigkeit in irgend einer der genannten Modifikationen erklären in Röm. 3_5 3_{25} $_{26}$; dagegen nach A. I. 1., also von der menschlichen Gerechtigkeit, wieder in irgend einer der dort genannten Modifikationen, in 1_{17} 3_{21} $_{22}$ 10_3 z. B. Meyer, B. Weiss, Lipsius Comm., Godet, bes. Cremer im Wörterbuch, aber auch schon viele (s. sp.) Alte, z. B. Joh. Gerhard; kurz fast alle, die überhaupt für A. I. 1. eintreten, führen dies nur an den zuletzt genannten Stellen durch. Dies ist offenbar im höchsten Mass auffallend.
    2. Speziell nach A. I. 2. b. α. bb., also von der heilschaffenden Gerechtigkeit Gottes, erklärt z. B. Ritschl in 3_{25} f., dagegen in 1_{17} 3_{21} nach A. I. 1. b. β., also von der dem Menschen von Gott geschenkten Gerechtigkeit.

liche Mittel seien, der Eindruck von dem Rechte des Zwecks war, die religiösen und sittlichen Grundgedanken in ihrer Einheit und Unmittelbarkeit uns zur Geltung zu bringen, in unsrem Fall namentlich gegenüber den formalistischen Abstraktionen und Distinktionen einer blossen „Rechtfertigungslehre". Von demselben Bestreben geleitet, hat Schlatter a. a. O. bes. S. 207 ff. 214 ff. es doch vermieden, die einzelnen von ihm so tief erkannten Seiten der grossen Sache in einer Definition zusammenzufassen. Er redet von der Preisgabe der menschlichen und vom Empfang der göttlichen Gerechtigkeit, von der richterlichen Entscheidung Gottes in Christi Kreuz, die auf Gerechtsprechung des Menschen lautet. Hier hat die Welt erfahren, was es heisst: Gott ist gerecht. Gott stellt durch sein Wirken her, in welchem Verhältnis der Mensch vor ihm gerecht ist. Der Glaubende bejaht Gottes Gerechtigkeit. Das sind wichtige Gesichtspunkte zum Verständnis des paulinischen Glaubens. Allein die, freilich nicht wichtigste, weil zunächst formale Frage, was denn Paulus mit δικαιοσυνη θεου wörtlich meine, ist damit nicht erledigt, und auch nicht unnötig gemacht, wie dankbar man immer die Förderung in der Sache anerkennen und wie sehr man es auch schätzen mag, dass von einer Definition nach Art Beck's abgesehen ist. Vielleicht ist es auch nicht zufällig, dass dies bei Schlatter in der 2. Auflage offenbar noch viel weniger versucht wird als in der 1. Auflage. Hieher gehört teilweise auch Herm. Beck (a. a. O.), ohne doch so viele Beziehungen in der δικαιοσυνη θεου vereinigt zu finden wie J. T. Beck. Im Grundsatz erkennt er durchaus an, dass es sich um eine Eigenschaft Gottes, genauer um Gottes Walten über die Menschen handelt, und zwar gemäss der in seinem eigenen Wesen liegenden Norm. Aber er bestimmt dann dieses Walten als ein die Sünde richtendes und den Sünder begnadigendes; und der gekreuzigte Christus ist ihm die sichtbare Darstellung der richtenden und rettenden Gerechtigkeit Gottes. Daneben sagt er: es bethätigt sich seine Gerechtigkeit, indem Gott Menschen gerecht macht, die es in seinem Urteil sind; und δικαιοσυνη θεου ist auch Gegensatz zu ιδια δικαιοσυνη. Soweit es sich hiebei um die eben besprochenen Kombinationen handelt, gilt das darüber Bemerkte: ausdrücklich darf aber noch auf den Mangel eines Beweises für jene Zusammennahme von Gnade und Gericht in δικαιοσυνη θεου hingewiesen werden, denn dass die δικαιοσυνη θεου von δυναμις εις σωτηριαν 1₁₆ und οργη 1₁₈ „inhaltlich und auch der äussern Stellung nach" eingeschlossen werde, wird auch die nicht überzeugen, die in der Sache Beck etwa beitreten.

Wenn aus den angegebenen Gründen A. II. unserer Tabelle nicht weiter in Betracht kommt, so vereinfacht sich nun auch die Fülle der Möglichkeiten von A. I. durch naheliegende Erwägungen.

Die Fassung von θεου als gen. obj. (Tab. A. I. 1. a.) ist längst von vielen mit triftigen Gründen abgelehnt worden: nicht weil dabei eine leere Selbstverständlichkeit herauskäme (B. Weiss), wohl aber weil sie, an sich grammatisch schwer, wenn nicht unmöglich (vgl. Fricke a. a. O.), für Paulus ausgeschlossen scheint, sofern derselbe sonst das unmissverständliche παρα θεῳ und ενωπιον θεου verwertet. (Vgl. Kölbing a. a. O.). Nur ist es noch immer nicht überflüssig, schon hier zu betonen, dass die auf diese Fassung des gen. begründete Übersetzung „die vor Gott gilt" mehr als die meisten andern Deutungen den Grundton der paulinischen Ausführung trifft, nämlich die forensische Form des Gedankens deutlich hervortreten lässt und die ursprüngliche eschatologische Färbung (s. sp.) wenigstens nicht verdunkelt.

Gehen wir zu A. I. 1. b. der Tabelle über. Gen. qual. bezw. poss. nach der dort genannten zweiten Möglichkeit (α. bb.), d. h. Gottes Gerechtigkeit = des Menschen Gerechtigkeit, die Gott hat (und deswegen auch allein geben kann), genauer das Gerechterklärtwerden des Menschen, die Gottes Gerechtigkeit ist, weil er ihr Eigner ist (Fricke a. a. O. bes. S. 26) — diese Deutung ruft, wenn man noch so dankbar das viele Feinsinnige in der Kritik der Vorgänger würdigt, den Einwand allzu deutlich hervor: wie kann „das Gerechterklärtwerden der Menschen" als „ein Gott eignendes" bezeichnet werden, wie ist dieser gen. possess. möglich? Ja, das Gerechterklären kann Gott eignen, aber der Menschen Gerechterklärtwerden? Die Bedeutung dieses Versuchs von Fricke dürfte vielmehr darin liegen, dass der gewöhnlichen Fassung ernste Bedenken entgegenstehen, und er weckt kein günstiges Vorurteil für diese „Gerechtigkeit der Menschen von Gott her, gen. autoris".

Neuestens ist aber ausser dieser und gleichfalls im Gegensatz zu ihr die Erklärung aufgetreten, die in der Tabelle unter A. I. 1. b. α. aa. aufgeführt ist und Beachtung verdient, vielleicht weniger so wie sie lautet, als weil sie auf eine noch offene Lücke im weiten Kreis der Möglichkeiten hinweisen und dadurch künftigem Scharfsinn die Bahn verschliessen kann. Die Gerechtigkeit des Menschen, sein richtiges

Verhältnis zu Gott heisst nach Schnedermann (a. a. O.) Gottes Gerechtigkeit, weil sie in seinen Bereich gehört, von ihm abhängig ist, weil ihr Begriff von Gott bestimmt wird. Ähnlich liege die Sache bei εἰρήνη, θεοῦ (ζωή, wohl auch δόξα). Sofern nun diese Ansicht teilweise denselben Bedenken unterliegt, wie die verbreitetste, dass θεοῦ gen. aut. sei, ist sie nicht besonders zu besprechen; und, sofern sie, gewiss mit vollem Recht, ähnlich wie Kölbing, den Begriff δικαιοσύνη θεοῦ als ein Hauptstück des neutralen Bodens zwischen Christentum und Synagoge fasst, nur beide eine entgegengesetzte Antwort auf dieselbe Frage geben lässt, wird weiter unten diese Bundesgenossenschaft zu verwerten sein. Aber das dürfte aus dem genannten Grunde der Erwägung wert sein, auf was denn eigentlich genau genommen jene Fassung des Genitiv hinauskäme, da Schnedermann selbst zugiebt, es sei etwas Schwebendes im Ausdruck. Die von ihm gebrauchten Ausdrücke gehen unvermerkt in den gen. obj., oder aut. über, oder in den gen. poss. im Sinn Fricke's, von dem wir herkommen, oder aber in das nachher zu besprechende rechtfertigende Richterwalten Gottes. Einen wirklich andern Sinn aber gewinnt man wohl nur, wenn man die Worte „deren Begriff Gott bestimmt", verstehen würde als die von Gott verlangte, so wie oben dies für Jac. 1,20 als wahrscheinlich und als sprachmöglich bezeichnet wurde. Dass dies im Römerbrief dem Zusammenhang nicht entspräche, bedürfte dann keines Beweises, wie es auch von Schnedermann nicht behauptet wird.

Eingedenk des „qui nimium probat nil probat" muss man, zu der Annahme eines gen. aut. (s. Tab. A. I. 1. b. β.) weiterschreitend, mit dem Zugeständnis beginnen, dass an und für sich diese Deutung möglich ist. Zweifellos was das Wort δικαιοσύνη betrifft; soweit es Gottes Wesen und Wirken bezeichnet, speziell sein Richterwalten, (s. u.), so gewiss ist der Erfolg dieses göttlichen Thuns, dass Menschen in seinem Urteil gerecht sind, als gerecht von ihm anerkannt werden. Besonders lehrreich wird in dieser Beziehung immer das von Cremer a. a. O. wiederholt angeführte Jes. 54,17 sein: dies ist ihre Gerechtigkeit von mir aus. (Vgl. zu diesem Übergang vom göttlichen Wirken zum menschlichen Zustand, sofern jenes „an der Gemeinde zur Erscheinung kommt", besonders Kautzsch Über die Derivate des Stammes צדק Tübingen 1881 Seite 50). Und dass in unsrem Zusammenhang an und für sich ganz wohl von der im göttlichen Urteil ausgesprochenen Gerechtigkeit von Menschen die Rede sein könnte, ist nach dem Citat in V. 18 unleugbar, dies handelt ja von dem Gerechten im Urteil Gottes. Nur muss man (s. o.) Einsprache erheben, wenn, wie sehr häufig geschieht (z. B. Weiss im Commentar), dieses Citat als Beweis aufgerufen wird, dass auch in δικαιοσύνη θεοῦ Röm. 1,17 δικαιοσύνη ein Attribut des Menschen bezeichnen müsse. Das Citat ist ganz ebenso an seinem Platz, wenn man in V. 17 übersetzt „rechtfertigendes Walten Gottes", nemlich genau aus dem Grund, um dessen Willen soeben die Möglichkeit der Übersetzung Gerechtigkeit des Menschen behauptet wurde, weil Rechtfertigung von seiten Gottes notwendig Gerechte setzt. Dass also von solchen nur die Rede sein könne, wenn zuvor schon δικαιοσύνη die Gerechtigkeit von Menschen bedeute, ist eine unbeweisbare These. Es bleibt hinsichtlich des δικαιοσύνη bei der allgemeinen Möglichkeit, von einer Notwendigkeit ist keine Rede. Wie steht es aber mit dem gen. autoris? Auch dies noch abgesehen von dem bestimmten Zusammenhang, in dem Paulus das δικαιοσυνη θεου an den genannten Stellen braucht. **Fricke** erklärt den gen. aut. überhaupt für unmöglich, „wenn das den gen. regierende Wort nicht ein Handeln, Werden, Entstehen ausdrücke; das aber könne von der den Menschen zuerkannten Gerechtigkeit nicht gesagt werden, es müsste δικαιωσις θεου heissen." Darüber wird man streiten können, ein Beweis gegen die Möglichkeit dieser Konstruktion an sich, noch abgesehen von unserem Zusammenhang, scheint mir nicht geliefert, ein Beweis für ihre Unwahrscheinlichkeit allerdings darin zu liegen, dass Paulus ähnlich wie oben für das „vor Gott" des ἐνωπιον θεου, so für das Gerechtigkeit von Gott aus das ἐκ θεου Phil. 3,9 bildet, das seinerseits dem מאת in Jes. 54,17 genau entspricht. Dazu kommt, dass θεου bei der in Rede stehenden Fassung notwendig den Ton haben müsste; es ist aber noch nie gelungen, dies in Röm. 1,17 3,21 ff. nachzuweisen. Die von Gott ausgehende gegenüber der vom Menschen ausgehenden Gerechtigkeit kennt ja Paulus ganz wohl, eben in der erwähnten Philipperstelle, in der er diesen Gegensatz mit dem ἐκ θεου markiert. Indem wir aber mit diesem Argument schon auf der Grenze stehen zwischen der allgemeinen Erwägung und dem positiven Gegenbeweis gegen die verbreitete Deutung aus dem Zusammenhang der Stellen selbst, reiht sich zuvor noch an der Hinweis auf die Thatsache, dass mit jener Deutung von ihren Vertretern keineswegs der Ernst gemacht wird, den man erwarten sollte, dass sie vielmehr grossenteils schon in 3,25.26 ganz anders erklären. Dies ist der Punkt, auf den auch in der Tabelle hingewiesen wurde. Die gewöhnliche Erklärung von δικαιοσυνη θεου setzt voraus, dass dies ein terminus technicus von höchster Bedeutung für Paulus

Eine Betrachtung dieser Tabelle leitet sofort zu wesentlicher Reduktion der ernsthaften Möglichkeiten an und giebt auch für das Urteil über diese, also für die letzte Entscheidung, die wir suchen, wenigstens einen Fingerzeig. Es fällt nemlich sofort eine ganze Gruppe ausserhalb der Diskussion, jene Kombinationen in A. II. Das philologische, d. h. aber ja in solchen Fällen immer, wenn recht verstanden, das psychologische und logische Gewissen verbietet die Annahme, dass ein Schriftsteller in einem Moment so verschiedenartige Gedanken mit einem und demselben Wort ausdrücke.

Schon das ist sehr zweifelhaft, ob es ihm selbst möglich gewesen, sie in einem Geistesakt zusammenzufassen. Wenn man sich aber zum Beweis dieser Möglichkeit auf die Kunst seiner Erklärer berufen wollte, die dies fertig bringen, so hat man doch nicht im mindesten erwiesen, dass er bei solchem Verfahren auf Verständnis seiner Leser habe rechnen können; und die Annahme einer Rätselaufgabe würde nur erlaubt sein, falls alle Versuche einer einfachen Erklärung gescheitert wären. Wie viele und wie verschiedenartige Gedanken aber z. B. in jener Beck'schen Definition zusammengezwungen werden, ist unmittelbar aus der Tabelle ersichtlich: gen. obj., subj. qual. und autoris, göttliche und menschliche Gerechtigkeit, göttliche als Wesenseigenschaft und als Wirkungsweise, diese wieder als allgemeine und als richterliche. Nur wird es nie gelingen, solche Erklärungen zu beseitigen, wenn man nicht ihr innerstes Motiv auf rechtmässigem Weg, ohne Verletzung des sprachlichen Gewissens, zu befriedigen weiss. Jeder, dem es noch vergönnt war, Beck zu hören, wird sich erinnern, wie viel stärker als der Eindruck, dass das künst-

gewesen, und doch soll er schon wenige Zeilen nachher dieselben Worte nicht mehr als solchen verwerten, die Leser aber nichts destoweniger ihn verstehen, ob sie gleich (s. nachher) gerade zuvor keineswegs leicht das Verständnis dieser Worte hatten finden können. Wie man auf dieser Seite δικαιοσυνη αυτου in $3_{25\ 26}$ verstehe, ist zunächst ganz einerlei, auch hier herrscht ja die grösste Mannigfaltigkeit; nur um den Wechsel der Bedeutung als solchen handelt es sich, und zwar nicht bei einer gleichgültigen Sache und bei leichtverständlichen Dingen, sondern hinsichtlich eines ex hypothesi technischen und zudem schwerverständlichen Begriffs. Gewiss, wegen des Ausdruckes in 10_3 oder 2 Cor. 5_{21} kann man schwanken, darüber wird noch die Rede sein; aber selbst wenn man hier anders erklären müsste, als in 1_{17} und der genauen Parallele $3_{21\ 22}$ sowie deren Erläuterung $3_{25\ 26}$, so wäre das noch lange nicht gleich bedenklich, als in $3_{21\ 22}$ völlig anders zu erklären als in $3_{25\ 26}$. Die Zumutung an das Verständnis der Leser wäre in beiden Fällen keineswegs eine gleich grosse. Bei den Neueren ist dieser Wechsel im Verständnis derselben Worte in dem Mass auffallender, je mehr sie genau und methodisch auf sie eingehen. So ist Cremers Ausführung (a. a. O. S. 300 f.) sehr beachtenswert: da (nach alttestamentlichem Sprachgebrauch) Gottes Gerechtigkeit es ist, die seinem Volk Heil schafft, so könnte man in Röm. 1_{17} 3_{21} an diese Gerechtigkeit, die Gott bethätigt, denken. Dennoch glaubt Cremer in den genannten Stellen wegen 2 Co. 5_{21} für die von Gott verliehene Gerechtigkeit des Menschen sich entscheiden zu sollen; in Röm. 3_{25} (a. a. O. S. 302) aber acceptiert er jenen Sinn der heilschaffenden Selbstbethätigung für die Seinen, und das Wort δικαιος in

Röm. 3,5 erklärt er (a. a. O. S. 295) ganz ebenso, ja sieht hier die alttestamentliche Anschauung auf den prägnantesten Ausdruck gebracht. Wir dürfen schon hier fragen: zieht diese Erkenntnis nicht für 1,17 3,21 unabweisbare Konsequenzen nach sich, falls nur dort sich zeigen lässt, dass der Zusammenhang dieselbe Deutung erlaubt, geschweige denn, wenn die entgegengesetzte nicht nur, wie im bisherigen, durch allgemeine Erwägungen, sondern aus dem unmittelbaren Zusammenhang heraus erschüttert werden kann? Endlich treten auch die oben angeführten Kombinationen (Tabelle A. II.) für uns jetzt in ein neues Licht. So wenig sie für eine strenge Exegese in Betracht kommen, weil sie Disparates zusammenzwingen, so wichtig sind sie jetzt als Zeugen für das Unbefriedigende der herrschenden Erklärung, denn regelmässig tritt in ihnen als ein Moment das auf, zu dem wir immer mehr hingedrängt werden, vgl. oben das Beispiel aus Beck.

Es mag wesentlich durch jenen auffallenden Wechsel in der Deutung desselben Wortes und die dann fast notgedrungene Kombination entgegengesetzter Beziehungen in einer Definition veranlasst sein, wie durch die zuvor genannten einzelnen Schwierigkeiten, dass in der Geschichte der Exegese unsrer Stellen sich weithin und stark ein Gefühl der Unsicherheit geltend macht, das der Zuversicht mancher Neueren keineswegs entspricht. Es seien dafür einige Beispiele angeführt. Während Luther seine zwar grammatisch nicht haltbare, aber congeniale Übersetzung, wie schon hervorgehoben, im Bewusstsein dieses inneren Rechts überall rückhaltlos durchführt, kann man bei Melanchthon zuerst sogar über den Wortsinn seiner annotatio zweifeln „ex justitia Dei, qua nos justificat"; nemlich ob hier nicht ein

Gefühl für die sprachlich naheliegende Deutung sich verrät, dass Gott rechtfertigt. Jene Definition des Thomas, die selbst auf Augustin zurückgeht, wird überhaupt bei katholischen (s. Reithmayr a. a. O. S. 72 f. 156 f. Schäfer, Comm. 1891. S. 62 ff.) wie protestantischen (s. Melanchthon annott. 1522 zu Röm. 1,17 und 3,21, Joh. Gerhard s. sof.) Erklärern ebenso oft angeführt als nicht deutlich erläutert. Die Worte „qua Deus justificat" werden ziemlich regelmässig als Beweis angeführt für die von Gott geschenkte Gerechtigkeit, während doch zunächst darin nur ein Gegensatz zu „justitia, qua Deus in se justus est" liegt, aber keineswegs zu seiner richterlichen (freisprechenden) Thätigkeit in Bezug auf den Menschen, im Gegenteil ist dies das nächstliegende Verständnis der Worte. Calvin deutet von der „Gerechtigkeit, die vor seinem Richterstuhl wohlgefällig ist", und beruft sich daneben auf andere, die die von Gott geschenkte verstehen. Er möge nicht viel darüber streiten, weil beides dem Sinn nach gleich ist. Aber wie eine zukunftsreiche Weissagung ist es, wenn er beifügt: doch zweifle ich nicht, dass P. hier auf eine Menge von Weissagungen anspielt, worin der h. Geist beiläufig die Gerechtigkeit Gottes in dem zukünftigen Reich Christi verherrlicht. Das kann kaum etwas anderes im Auge haben als Deuterojesaja und weist formell auf die Gerechtigkeit als Thätigkeit Gottes, inhaltlich auf die eschatologischen Beziehungen des Gedankens der Rechtfertigung. Interessant ist namentlich auch Joh. Gerhard (annott. in ep. P. ad Rom. 1666 p. 105 ff.). Zu 1,17 erklärt er: „quam Deus exhibet gratuitam justificationem per fidem". Es sei nicht essentialis Dei justitia, auch nicht distributiva (Or.), promissio (Ambr.), misericordia (Chrys.), satisfactio (Theodoret), habitualis (die Römischen), sondern fidei, wie schon Augustin sage (s. o.). Dabei führt er Luthers „hic me renatum prorsus sensi" an. Gottes Gerechtigkeit aber heisse diese Gerechtigkeit des Glaubens, weil Gott sie beschlossen, im Evangelium enthüllt, weil Christus sie erworben, weil Gott sie giebt, weil sie vor Gott gilt, weil sie der menschlichen gegenübersteht. Bei 3_{25} f. lässt er geradezu die Wahl zwischen Gottes Wahrheit, oder der durch Christi Verdienst erworbenen Gerechtigkeit, oder der gerechten imputatio der satisfactio Christi. Letzteres sei im Zusammenhang das wahrscheinlichste. Wie unsicher ist hier vieles, an sich und im Verhältnis zu 1_{17}, wie weit aber auch noch entfernt von der Zumutung Neuerer, das Verständnis der δικαιοσύνη, von der Strafgerechtigkeit Gottes in 3_{25} als die einzig mögliche und erlaubte anzusehen.

Bei dieser Sachlage ist es nicht verwunderlich, dass, wovon wir ausgiengen, eine Reaktion gegen die Deutung sich geltend macht, die einige Jahrzehnte fast die Alleinherrschaft hatte, „die den Menschen von Gott zuerkannte Gerechtigkeit", und dass man versuchte, Gerechtigkeit Gottes streng zu nehmen von Gottes eigener Gerechtigkeit, nicht nur von der irgendwie auf Gott zurückgeführten menschlichen Gerechtigkeit. Ein erschöpfender Einblick in Wert und Unwert dieser Versuche (also Tabelle A. I. 2.) würde gewonnen, wenn zuerst die positiven Gründe für jene strenge Fassung des genitivus subjectivus dargelegt würden, und zwar an allen genannten Stellen, und wenn daraufhin erst untersucht würde, in welchem bestimmten Sinn δικαιοσύνη hiebei zu fassen sei, z. B. ob als Wesensbestimmung Gottes oder als Wirkungsweise, ob letztere als richterliche Thätigkeit u. s. w. Allein ein solcher Gang würde sehr umständlich und doch ohne wesentlichen Gewinn sein. Eine Reihe vorgeschlagener Deutungen in dieser Gruppe hat kaum historischen Wert oder wieder nur den, die Bereitschaft zu einer angeblich neuen Erklärung zu vermindern. Ja die Hauptsache würde bei jener Anordnung vielleicht nicht einmal ganz deutlich, weil die Gründe für die grammatisch nächstliegende Fassung des Genitiv vollen Eindruck gerade erst machen, wenn die unwahrscheinlichen Näherbestimmungen von δικαιοσυνη schon beseitigt sind. Daher genügt es, diese kurz zu erledigen und dann erst die Fassung des Genitiv zugleich mit der nächstliegenden von δικαιοσυνη zu begründen. Und zwar wesentlich auf Grund von 1,17, weil hier an der ersten Stelle einer der Hauptgründe am überzeugendsten wirkt. Daran reiht sich die Betrachtung der Stelle, die jedermann wenigstens teilweise als Parallele anerkennt, 3,21 ff. Endlich die übrigen Stellen, mögen sie sich nun ohne weiteres dem hier gefundenen Ergebnis einordnen und es dadurch mit erhärten, oder doch demselben nicht widersprechen.

Die erste Gruppe in der Tabelle, soweit sie hierher gehört (A. I. 2. a.), kann kaum ernsthaft in Betracht kommen: justitia essentialis (α.) ist kein neutestamentlicher Gedanke und passt nicht in den Zusammenhang, ausser wenn man erst eine Reihe ganz anderer Beziehungen damit kombiniert, s. o. Wird diese wesentliche Gerechtigkeit nach einzelnen Seiten ins Auge gefasst (β.), so wäre zwar nach dem Zeugnis der LXX veracitas wie aequitas, benignitas u. dgl. (bb.) an sich nicht unmöglich, ja es liegt mehr, als man früher zugeben wollte, darin teilweise ein richtiger Instinkt für die Beziehungen zum Alten Testament, und in 3₃ kommt diese Deutung ernstlich in Frage (s. sp.); aber in unserem Zusammenhang passt weder das eine noch das andere. Freilich ist die Deutung „Schuldfreiheit" (aa.), auf Gott bezogen, der biblischen Sprache noch viel fremder als jene Vorschläge eines Ambrosius oder Origenes (letzterer spricht nemlich, obwohl er häufig, vgl. B. Weiss a. a. O. 71 für vergeltende Gerechtigkeit angeführt wird, ganz deutlich von sustentatio, patientia gegenüber der retributio im künftigen Aeon., s. opp. ed. Migne III. comm. in ep. ad. Rom. S. 591 f). Viel wahrscheinlicher im Voraus als die essentialis justitia im strengen Sinn sind übrigens diese Fassungen auch schon darum, weil sie das Verhalten, das Wirken Gottes irgendwie wenigstens mitberücksichtigen müssen.

Gehen wir zu denen über, die direkt an das Verhalten, das Wirken Gottes denken, so ist die in der Tabelle (A. 1. 2. b.) vorangestellte Gruppe (α.) nicht streng von der folgenden geschieden, z. B. Kühl redet auch ausdrücklich vom richterlichen und zwar freisprechenden Walten Gottes. Dennoch ist es förderlich, den Unterschied hervorzuheben. Denn nicht nur ist man sprachlich genötigt, den richterlichen Charakter der Gerechtigkeit Gottes unverkürzt gelten zu lassen (s. Wellhausen Gesch. Isr. I. 1. Aufl. 432 und die vielfache Zustimmung dazu unter den alttestamentlichen Theologen, z. B. Schultz alttestamentliche Theol.⁵ S. 326 ff. Smend alttestamentliche Religionsgeschichte 363 ff., unter den neutestamentlichen namentlich Cremer Wörterbuch a. a. O. 287.), sondern an dieser Erkenntnis hängt gerade das genaue Verständnis der paulinischen δικαιοσύνη θεοῦ in Röm. 1₁₇ par. Abgesehen von diesem Bedenken erhebt sich gegen die Ansicht von

Kühl der Einwand, dass sein an und für sich rein formeller Begriff der δικαιοσυνη für die alt- und neutestamentliche Betrachtung zu abstrakt scheint; ja auch der Begriff der Eigenschaft überhaupt dürfte in dieser Verwertung dem lebendigen Gottesgedanken nicht gerecht werden, und es ist nur zu begrüssen, wenn andere wie Kölbing den Ausdruck Walten, Thätigkeit mit Vorliebe verwendet haben, der dann freilich noch eine nähere Bestimmung fordert, sofern es doch nicht angehen wird, δικαιοσυνη direkt mit Rechtswalten gleichzusetzen. Nur soll mit dem allem das Verdienst Kühls in keiner Weise geschmälert sein, dass er überhaupt wieder mit der Fassung des Genitivus subj. in Röm. 1,17 Ernst gemacht hat, daher auch sofort auf ihn zurückzukommen und in Auseinandersetzung mit ihm die Sache selbst zu erörtern ist. Vorher sei noch daran erinnert, dass Ritschl, s. o., wie Kühl die richterliche Grundbedeutung unterschätzt, im Unterschied von diesem aber das Wort direkt von der heilschaffenden, den göttlichen Reichszweck verwirklichenden Thätigkeit Gottes, seinem zum Zweck des Heils der Gläubigen folgerichtigen Verfahren erklärt, ohne aber in 1,17 Gebrauch davon zu machen. So bleiben aus der Tabelle nur noch die zwei Möglichkeiten übrig (β.), von denen die erste (aa.), Strafgerechtigkeit, für die oben Joh. Gerhard als berühmter Vertreter angeführt wurde, jedenfalls in 1,17 (über 3,25 f. s. sp. besonders) nicht in Betracht kommen kann, wie sofort dargelegt werden wird.

So handelt es sich nun also darum, für 1,17 (3,21) zu zeigen, dass δικαιοσυνη nur direkt auf Gott bezogen werden kann, sodann was genauer unter δικαιοσυνη zu verstehen ist. Schon ein allgemeiner

Grund, der sich gegen die gewöhnliche Fassung aus dem Gesamtzusammenhang ergiebt, ist nicht leicht zu nehmen. Sie mutet den Lesern fast Unmögliches zu. Wenn wir allmählich unter dem Druck exegetischer Tradition uns gewöhnt haben, die keineswegs einfachen Gedankengänge zu durcheilen und die mancherlei Ergänzungen zu vollziehen, die bei der üblichen Erklärung notwendig sind, so beweist das nichts für die ersten Leser. Keine Kenntnis der spezifisch paulinischen Predigt ist vorhanden, die das begreiflich machte; ebenso fehlt noch die Kenntnis der nachfolgenden Ausführungen des Römerbriefs. In dieser Lage sollen sie die Worte δικαιοσύνη θεοῦ verstehen von der dem Menschen von Gott aus verliehenen Gerechtigkeit. Es ist, wie schon bemerkt, keineswegs davon die Rede, dass dieser Begriff dem Paulus fremd sei, nur, dass er, an den Anfang ohne Erläuterung gestellt, verständlich gewesen sei. Warum, so müssen wir hier wieder, aber jetzt mit ganz anderem Nachdruck fragen, schrieb dann Paulus nicht ἐκ θεοῦ? warum betonte er dann nicht wenigstens θεοῦ, indem er es voranstellte? Wendet man ein, die Erklärung folge ja doch auf dem Fusse nach durch das δίκαιος in 17 b, das verlange, δικαιοσύνη auch von menschlicher Gerechtigkeit zu verstehen, so ist dies als ein reiner circulus in demonstrando im allgemeinen gleichfalls schon erledigt; dass aber der Zusammenhang der Stelle im einzelnen gerade gegen diese Erklärung ist, werden wir sogleich sehen. Also bleibt es dabei, dass von dem Schriftsteller nichts gethan wäre, sich verständlich zu machen. Denn mag allerdings überhaupt jedes vorangestellte Thema eine gewisse Unbestimmtheit haben, der Grundbegriff muss doch irgendwie in dem vorhandenen Verständnis seinen deutlichen Anknüpfungspunkt haben. Das heisst in unsrem Fall: mag Paulus noch so viel Neues, Unerhörtes von der δικαιοσυνη θεου sagen, wenn er dies Wort voranstellt, so muss es in irgend einer Beziehung Gemeingut für ihn und die Leser sein. Das aber kann niemand von jenem komplizierten Begriff behaupten.

Und nun der Zusammenhang im einzelnen. Nach rückwärts. Des Evangeliums schämt sich Paulus nicht, weil es Kraft Gottes zur Rettung, zur endgiltigen ist. Denn es wird darin δικαιοσυνη θεου geoffenbart. Nun ist es bekannte Voraussetzung der alttestamentlichen wie der damaligen jüdischen Gedankenwelt (s. später), und weithin, wie Cap. 2 voraussetzt und beweist, des allgemeinen Bewusstseins, dass diese Rettung denen zu teil wird, die im Gericht, dem letzten entscheidenden, von Gott gerechtfertigt, als Gerechte anerkannt werden. Heisst nun das Evangelium Gottes Kraft zur Rettung, weil darin δικαιοσυνη θεου geoffenbart wird, so liegt die Deutung am nächsten: Rechtfertigung, freisprechendes Richterwalten Gottes. So haben die beiden Genitive dieselbe Beziehung: Kraft Gottes zur Rettung ist das Evangelium, weil in ihm Rechtfertigung Gottes geoffenbart wird, ohne die es anerkanntermassen keine Rettung giebt, denn das göttliche Richterurteil muss zu Gunsten derer ausgefallen sein, für die es sich um Rettung handeln kann. Diese Hauptsache bleibt sich ganz gleich, ob man mit Weiss V. 17 b an 16 oder an 17 a anknüpfe. In jedem Fall ist ja ζησεται sinngleich mit σωτηρια, wie sofort z. B. Cap. 2,s ff. und der ganze Abschnitt 5,1—11 beweist. Die erstgenannte Stelle ist ausserdem, sofern von αποκαλυψις δικαιοκρισιας und dabei zugeteilter ζωη die Rede ist, auch an und für sich von grösster Bedeutung für die Erklärung des αποκαλυπτεται δικαιοσυνη θεου.

Für den Widerstrebenden vielleicht noch deutlicher ist der Zusammenhang nach vorwärts. Der klare und geradezu hervorgehobene Gegensatz von δικαιοσύνη V. 17 und ὀργή V. 18 macht doch sichtlich allen zu schaffen, die δικαιοσύνη von der dem Menschen verliehenen Gerechtigkeit verstehen. Schon an und für sich würde diese Gegenüberstellung von Gerechtigkeit und Zorn den gleichen Genitiv fordern. Verstärkt wird diese Forderung durch das wiederholte ἀποκαλύπτεται, der Offenbarung des Zornes Gottes wird doch nicht die Offenbarung unsrer von Gott ausgehenden Gerechtigkeit gegenüberstehen, sondern Gottes Gerechtigkeit. Und dazu kommt noch der Sinn des Verbums ἀποκαλύπτεται. Die Einzelfragen über denselben berühren uns hier nicht, niemand kann leugnen, dass überhaupt und doppelt in diesem gewaltigen Anfang unsres Briefs es viel näher liegt, an eine Offenbarungsthat Gottes als solche, an sein Wirken und Walten zu denken, als an ein „zum Gegenstand menschlicher Erkenntnis machen" (B. Weiss). Beruft man sich hiefür auf ἐν αὐτῷ, nemlich εὐαγγελίῳ, so hat Kölbing (a. a. O. S. 13 f.) treffend darauf hingewiesen, wie gerade die paulinische Anschauung vom Evangelium, vom Wort Gottes dagegen spricht. Selbst das πίστις ἀποκαλύπτεται in Gal. 3,23, die Offenbarung des Glaubens, ist gewiss in diesem emphatischen Sinn zu verstehen, als eine „wirkungskräftige". Wollte man aber sagen, aus dieser Galaterstelle gehe hervor, dass, wenn das Glauben, so auch das Gerechtsein von Gott aus als „geoffenbart" bezeichnet werden könne, so wäre das an sich richtig, aber man übersähe dann eben wieder den Gegensatz zu ὀργὴ θεοῦ; in dieser Gegenüberstellung findet das emphatische ἀποκαλύπτειν sein volles Recht nur, wenn die δικαιοσύνη unmittelbar selbst die Gottes ist.

Dieses Ergebnis betreffs 1_{17} wird durch 3_{21} ff. bestätigt und teilweise ergänzt. Lässt sich zunächst sagen, δικαιοσυνη θεου von der gottverliehenen menschlichen Gerechtigkeit zu verstehen, sei hier nach Cap. 1_{18}—3_{20} nicht mehr so unverständlich wie in 1_{17}, so wird man doch zugeben müssen, dass Paulus dafür auch an dieser Stelle einen möglichst undeutlichen Ausdruck gewählt hätte, statt ἐκ θεου oder wenigstens statt des betonten θεου. Und gerade dafür, dass θεου keinen Ton hat, ist 3_{21} noch beweiskräftiger als 1_{17}, weil in 3_{22} das δικαιοσυνη θεου offenbar nur wiederholt wird, um δια πιστεως als das entscheidende charakteristische Moment recht hervortreten zu lassen. Und eben dadurch wird noch deutlicher als oben 1_{17}, dass der Begriff δικαιοσυνη θεου kein für die Leser neuer, sondern irgendwie gemeinsamer Boden sei, nemlich durch das voll betonte, ausdrücklich das Besondere, das Neue, Eigentümliche hervorhebende δια πιστεως. Doch nicht nur zur Bestätigung, zu wirklicher Ergänzung des Beweises dient die Stelle. Zwar das δικαιουμενοι V. 24 giebt an und für sich auch bei der gewöhnlichen Deutung guten Sinn. Denn immer wieder muss daran erinnert werden, dass die rechtfertigende That Gottes der Natur der Sache nach die Gerechtigkeit, das Gerechtsein von Menschen im Urteil Gottes zur Folge hat, also lässt sich daraus, dass δικαιουμενοι Erklärung von δικαιοσυνη θεου ist, weder für die eine noch andere Fassung ein sicherer Schluss ziehen. Eher weist die Art der Erläuterung des δικαιουμενοι, nemlich τῇ αὐτου χαριτι bis προεθετο, nach der andern Seite, da sie den Eindruck macht, der Verfasser habe durchgehends dasselbe logische Subjekt im Auge, Gott. Doch mag das Geschmackssache sein. Entscheidend aber ist das εἰς und πρὸς τὴν ἔνδειξιν τῆς δικαιοσύνης αὐτοῦ V. 25 und 26, und das εἰς τὸ εἶναι αὐτὸν δίκαιον καὶ δικαιοῦντα etc. V. 26. Und zwar jede dieser Aussagen für sich, wie die zweite in ihrer Beziehung zur ersten. Zunächst εἰς ἔνδειξιν δικαιοσύνης. Denn das ist nur ein anderer Ausdruck für ἀποκαλύπτεται δικαιοσύνη, vgl. ex. 9,17. LXX Sap. 12,17. 2. Macc. 9,8. Nimmt man ἔνδειξις δικαιοσύνης vom Erweis der Gerechtigkeit Gottes, so muss man auch δικαιοσύνη θεοῦ πεφανέρωται 3,21, ἀποκαλύπτεται 1,17 so nehmen. Jenes aber thun geradezu alle. Keiner von denen, die dort an die von Gott ausgehende menschliche Gerechtigkeit denken, wagt dies hier zu thun (über Luther s. o.), sondern sie reden sämtlich von Gottes Gerechtigkeit, sei es der heilschaffenden oder strafenden oder überhaupt einer Norm gemässen göttlichen Thätigkeit. Diese verschiedene Fassung des Genitivs ist also jetzt nicht mehr nur im allgemeinen unwahrscheinlich, weil sie verwirrend auf die Leser wirken müsste; sondern, wenn man die Wiederaufnahme des ἀποκαλύπτειν durch das ἐνδείξιν erkennt, so zieht die richtige Deutung von δικαιοσύνη in 3,25 f. die in 3,21 1,17 nach sich. Zu demselben Resultat führt der Satz εἰς τὸ εἶναι u. s. w. Ausdrücklich wird hier Gott als gerecht bezeichnet und als Rechtfertigender. Mag man das im einzelnen deuten wie man will, entweder gerecht und zwar näher rechtfertigend, oder gerecht und dennoch rechtfertigend; in dem, worauf es hier ankommt, sind wieder alle einig, wieder die meisten ohne Gefühl dafür, dass sie ihrer entgegengesetzten Fassung von 1,17 3,21 die grössten Schwierigkeiten bereiten. Denn wenn die deutliche Stelle die an sich unbestimmtere erklären soll, so wird wohl δικαιοσύνη θεοῦ nach diesem δίκαιος und δικαιοῦντα erklärt werden müssen; hier aber ist direkt und unmittelbar von Gottes eigener Gerechtigkeit die Rede. Also, die Aussage εἰς ἔνδειξιν etc. wie die εἰς τὸ εἶναι etc. ist an und für sich beweiskräftig. Aber endlich auch die letztere in ihrem Verhältnis zur ersten. Denn εἰς τὸ εἶναι ist in letzter Instanz jedenfalls Erläuterung von εἰς ἔνδειξιν, mag man es immerhin zunächst als Zweckbestimmung bezeichnen. Kann man eine ausdrücklichere, authentische Erklärung der δικαιοσυνη θεου denken als diese? Das würde wohl allgemein zugegeben, wenn nicht die Exegese an unsrer Stelle dogmatisch am Gegenteil interessiert wäre, nemlich an der Manifestation der Strafgerechtigkeit Gottes im Tod Christi. Darüber lässt sich hier im Vorbeigehen nicht urteilen. Aber vielleicht sind solche Gegner durch folgende Überlegung zu gewinnen. Die Deutung der δικαιοσυνη θεου von der Strafgerechtigkeit in V. 25 f. wäre an sich möglich, auch wenn man in 3_{21} f. 1_{17} von der rechtfertigenden Gerechtigkeit versteht. Denn gar nicht zunächst auf den Sinn des Wortes δικαιοσυνη, sondern auf den Sinn des Genitivs richtete sich der obige Beweis, und es wäre schon etwas gewonnen, wenn dies sich durchsetzen würde. Freilich sind wir unsrerseits darüber schon hinausgeführt. Von der begründeten Annahme aus, dass dieselben Worte in beiden Satzgruppen den gleichen Sinn haben, kann es sich in beiden, weil in der ersten (3_{21} f.) strafende Gerechtigkeit sinnlos ist, nur um rechtfertigende handeln. Diesem Ergebnis aber könnten nun auch jene Freunde der stellvertretenden Strafe zustimmen aus dem einfachen Grund, weil dieser Gedanke an sich ganz unabhängig ist von δικαιοσυνη θεου in V. 25 f. Denn sie könnten ihn, nach ihren Voraussetzungen, in ἱλαστηριον 3_{25} finden, mithin alles Erwünschte doch behaupten. Würde dieser Stand der Dinge erkannt, so wäre zu hoffen, dass die empfohlene Auffassung von δικαιοσυνη θεου wie von δικαιον και δικαιουντα nicht weiter beanstandet würde, und die Zustimmung im Cremer'schen Wörterbuch (a. a. O.) ist daher freudig zu begrüssen. Freilich wird dann, wie schon bemerkt, auch für 1,17 und 3,21 f. keine andere Deutung aufrecht erhalten werden können.

Indem bisher zunächst der Genitiv erklärt wurde, ist notwendig schon der Begriff δικαιοσυνη teilweise mit bestimmt worden. Namentlich das δικαιουντα, von dem wir eben als der authentischen Erklärung herkommen, leitet direkt zur endgiltigen Feststellung des Sinns der δικαιοσυνη θεου über: die richterliche und zwar die freisprechende Gerechtigkeit. Nach den Verhandlungen der letzten Jahre darf die hier vorliegende Aufgabe so präzisiert werden. Es handelt sich um ein Zweifaches. Erstens: an und für sich und unmittelbar ist dies die Wortbedeutung, nicht erst auf Umwegen ist für den vorliegenden Zusammenhang diese Bedeutung zu gewinnen. Das lässt sich am einfachsten feststellen in einer kurzen Auseinandersetzung mit Kühl (a. a. O.). Sodann: dies allein und nichts anderes ist mit dem Wort gemeint; d. h. der Gedanke des rechtfertigenden Wirkens Gottes darf mit dem des heilschaffenden nicht undeutlich vermischt werden, so gewiss der engste Zusammenhang besteht. Dies lässt sich in Beziehung auf Kölbing (a. a. O.) zeigen.

Nicht Kühls Ansicht von der Gerechtigkeit Gottes überhaupt beschäftigt uns hier; auch nicht mehr die allgemeinen Fragezeichen von oben, ob der Begriff Eigenschaft genau verwertet sei, ob nicht der

Gedanke der richterlichen Gerechtigkeit überhaupt schon im Sprachgebrauch des Alten Testaments mehr hervortrete u. dgl. Sondern die spezielle Frage, ob in Röm. 1,17 und 3,21 ff. die von ihm vorgeschlagene Deutung dem Zusammenhang entspreche. Sie ist der oben gegebenen einerseits nahe verwandt, ja den Worten nach gleich: „die gerechtsprechende und damit heilschaffende Gerechtigkeit". Aber das ist ihm nur eine „inhaltlich nähere Bestimmung", die sich aus dem Zusammenhang, in 1,17 wesentlich aus dem Gegensatz zu ὀργη, in 3,21 wesentlich aus dem δικαιουμενοι — ἐνδειξις δικαιοσυνης — δικαιουντα ergiebt und in dem ἐκ πιστεως zusammengefasst ist. Aber an und für sich ist δικαιοσυνη θεου ein rein formeller, der sachlichen Ausfüllung bedürftiger Begriff. Δικαιοσυνη θεου ist ihm Eigenschaft Gottes, die sich in ihrer Offenbarung als das einer bestimmten Norm konsequent entsprechende Verhalten erweist. Im „Alten Testament ist das Gesetz die Norm, welche für die Bethätigung der göttlichen Gerechtigkeit die Direktive abgab", im Neuen der Glaube an Christus. An die Stelle des νομος των ἐργων tritt der νομος πιστεως. Die Ausnützung dieser paulinischen Antithese bei Kühl wird uns noch beschäftigen. Hier handelt es sich um die Frage, ob wirklich der Begriff δικαιοσυνη θεου als rein formeller, nur durch das δια πιστεως inhaltlich charakterisierter in Betracht kommen kann. Es scheint mir, was Kühl treffend über die Unverständlichkeit der gewöhnlichen Deutung für die ersten Leser sagt, treffe gerade auch ihn selbst, wenn gleich deshalb natürlich viel weniger, weil er ja für unsern Zusammenhang „die gerechtsprechende Gerechtigkeit" gelten lässt. Aber konnten sie diesen Sinn heraushören, wenn doch der Begriff δικαιοσυνη θεου an sich ein rein formeller ist, und doppelt, wenn Paulus nicht sofort hier am Anfang vom νομος πιστεως redet, von der Einführung der neuen, der alten entgegengesetzten Norm der Gerechtigkeit, worauf doch bei Kühl der ganze Nachdruck liegt? Dieser entscheidende Begriff sollte erst 3,27 auftauchen? Wie viele und feine Gedanken müssten die Leser im voraus erratend ergänzen, wenn überhaupt es ihnen einigermassen verständlich sein sollte, warum denn plötzlich von δικαιοσυνη θεου die Rede sei? Zum mindesten müsste die Gerechtigkeit als richterliche viel deutlicher hervorgehoben sein; aber auch dann, wenn es als vox media zunächst in Betracht käme und erst durch δια πιστεως als gerechtsprechende zu erkennen wäre, muten wir dem Verständnis der Leser zu viel zu. Es ist aber eben keineswegs nötig, nicht einmal wahrscheinlich, mit Kühl den rein formalen Charakter des Begriffs δικαιοσυνη θεου zu betonen. Man wird für das folgende von mancher Seite leichter Zustimmung finden, wenn man, der Übertreibung anderer gegenüber, offen zugiebt, dass die δικαιοσυνη θεου an und für sich gewiss auch die Strafgerechtigkeit umfassen kann; dies auszuführen ist hier nicht der Ort. Aber es kann auch ohne alle nähere Bestimmung die rechtfertigende Thätigkeit Gottes bezeichnen, und in einem Zusammenhang wie dem vorliegenden ist dies das Nächstliegende, für die Leser Selbstverständliche (vgl. oben über das Verhältnis von σωτηρια und δικαιοσυνη). Gewiss hat εκ πιστεως entscheidende Bedeutung, aber nicht deswegen heisst δικαιοσυνη θεου hier freisprechende, rechtfertigende Thätigkeit Gottes, sondern diese für die Leser im Zusammenhang allein in Betracht kommende und sprachlich an sich selbst unanfechtbare Bedeutung wird näher bestimmt und gegensätzlich zu dem Wahn der Judaisten charakterisiert als lediglich aus dem

Glauben, durch den Glauben kommende, durch ihn vermittelte. Damit wird nur die letzte Konsequenz aus Prämissen gezogen, die immer mehr anerkannt werden. So wenig sich die Diestel-Ritschl'sche These behaupten konnte, dass man beim alttestamentlichen Gedanken der Gerechtigkeit Gottes von dem des Richters und weiterhin dem der doppelten Vergeltung abstrahieren könne bezw. müsse, so unwiderleglich hat sich doch die Seite ihrer Untersuchungen durchgesetzt, dass für das israelitische Volk und seine einzelnen Angehörigen die eine Seite der richterlichen Gerechtigkeit Gottes im Vordergrund des Bewusstseins steht, dass nemlich das Richterwalten, selbst durch alle Tiefen des Gerichts über Israels Sünde hindurch, sich zu Gunsten seines Volkes, zu dessen Heil, weil darin zur Verwirklichung des göttlichen Willens geltend macht, dass es ein sein Volk rechtfertigendes, befreiendes, rettendes ist (über das Verhältnis dieser Begriffe s. u.), selbst wenn die natürlichen Bedingungen für ein solches Sichbethätigen der göttlichen Gerechtigkeit keineswegs vorliegen, vielmehr erst durch göttliche That hergestellt werden, indem er die Sünden dem Volk vergiebt, das sonst im Rechtsstreit mit seinem Gott nur ein verdammendes Urteil erlangen könnte. Ein Beispiel aus Cremer (a. a. O. S. 300) zeigt vielleicht besonders deutlich, in welchem Umfang jene Beobachtung anerkannt wird. Matth. 5,6 wird vom Verlangen nach der göttlichen Rechtfertigung verstanden, darnach, dass Gott der gerechten Sache Recht verschafft. Gerade weil man an dieser Stelle an der Notwendigkeit dieser Deutung zweifeln darf, ist um so dringlicher die Frage, warum man sie nicht Röm. 1,17 3,21 ff. verwendet in einem so viel deutlicher von dem forensischen Gedanken beherrschten Zusammenhang. Mit Recht ist für den hier in Betracht kommenden Sprachgebrauch besonders auf die Psalmen und den zweiten Jesaja hingewiesen worden. Hier sollen nur wenige Aussagen zusammengestellt werden, in denen Elemente der paulinischen Betrachtung leicht erkennbar sind. Er selbst fordert ja durch sein μαρτυρουμενη ὑπο νομου και των προφητων auf, solche zu suchen, und nicht mit den einzelnen ausdrücklichen Citaten aus dem Alten Testament sich zu begnügen. Das ἀποκαλυπτειν der δικαιοσυνη steht in Psalm 98₂, und zwar so, dass im Parallelglied die σωτηρια genannt ist, vgl. Röm. 1₁₆ im Verhältnis zu 1₁₇. Daran reihen wir das „rette mich durch deine Gerechtigkeit" Ps. 30₂. In Psalm 119₄₀ ἐν τῇ δικαιοσυνῃ σου ζησον με haben wir die ζωη in Verbindung mit der δικαιοσυνη, die für den Römerbrief eine so grundlegende Wichtigkeit hat, dass wir sie noch besonders beachten müssen. In Jesaja 45₂₃₋₂₄ steht das „Gerechtfertigtwerden" (s. Kautzsch Übersetzung des Alten Testaments) in Parallele mit dem „Sichrühmen", in das so merkwürdig Röm. 3₂₇ (4₂) die Erörterung über die δικαιοσυνη θεου ausmündet. Jes. 43₂₅ ff. ist die Tilgung der Sünden seitens Gottes die Lösung des Rätsels, dass der Rechtsstreit zwischen Gott und Volk zu Gunsten Israels ausgehen kann. (Interessant ist hier auch die Einschaltung der LXX in V. 26 τας ἀνομιας σου, so dass Anerkennung der Sünden als Bedingung der Rechtfertigung erscheint, cf. Röm. 1—3). Ferner beachte man „meine Gerechtigkeit bleibt ewig" 51₆ mit dem ὁ δικαιωσας με 50₈ und vergleiche Röm. 8₃₃. Endlich übersehe man nicht, wie als die Folge der δικαιοσυνη θεου (μου etc.) die δικαιοσυνη σου, vom Volke gemeint, auftritt. Die göttliche rechtfertigende That versetzt in einen Stand der Gerechtigkeit, vgl. Jes. 46₁₃

51₆ ₈ mit 62₁ ₂ u. ö. Dies ist auch hier wieder der Erwähnung wert, weil oben durchaus nicht geleugnet wurde, menschliche von Gott irgendwie ausgehende Gerechtigkeit sei ein paulinischer Begriff, sondern dass diese mit δικαιοσυνη θεου bezeichnet werde. Δικαιοσυνη, δικαιοσυνη μου und δικαιοσυνη θεου kommt auch beim zweiten Jesaja nebeneinander vor, formell ähnlich wie im ersten Johannesbrief Liebe, Liebe Gottes zu uns, unsere Liebe zu Gott; an manchen Stellen ist vielleicht schwer zu entscheiden, welches gemeint sei, aber darum behauptet doch niemand, es liege kein Unterschied vor.

Diese Erinnerung an Psalmen und Jesaia hat nun aber nicht den Sinn, als sollte ein unvermittelter oder gar ausschliesslicher Zusammenhang mit diesen alttestamentlichen Stücken im Römerbrief behauptet werden. Wir werden im Gegenteil noch Anlass haben, vor Überschätzung der Jesajaparallelen zu warnen. Es herrscht ja auch über die Fassung des Worts in den genannten Schriften keineswegs Übereinstimmung. Namentlich muss uns das Verhältnis von Gerechtigkeit und Heil noch ausdrücklich beschäftigen. Es wird ja in einer Reihe der genannten Stellen schon die Übersetzung „deine Gerechtigkeit" von vielen beanstandet. So sei denn schon hier bemerkt, dass daraus nicht später unter der Hand Beweisgründe für den Sinn des paulinischen Begriffs gemacht werden. Vorläufig musste schon oben auf den Zusammenhang mit dem zeitgenössischen Judentum hingewiesen werden. Das paulinische ου δικαιουται ανθρωπος εξ εργων νομου ist in seiner schroffen Negative neu und unerhört, und noch mehr in dem Gegensatz εκ πιστεως, aber formell verständlich für Juden, deren Losung salvari ex operibus war. Darstellungen dieses Stücks der jüdischen Dogmatik wie

bei F. Weber, System der altsynagogalen Theologie 1880. S. 267 ff.
A. Schlatter, der Glaube im Neuen Testament² 1896, S. 1 ff.,
dürfen hier vorausgesetzt werden (vgl. ausserdem die oben angeführten
Darstellungen der alttestamentlichen Theologie). Für uns kommen
namentlich in Betracht einmal die ausdrückliche Beziehung des göttlichen Urteils auf die Frage, ob der Mensch leben soll, ganz wie wir
für Paulus noch werden auf diese Beziehung der Begriffe hinzuweisen
haben. Sodann, dass der Ausdruck λογίζεσθαι für Anrechnung der
guten Werke ganz geläufig ist, der bei Paulus eine so grosse Bedeutung
hat gerade in dem engbegrenzten Gebiet der dialektischen Auseinandersetzung, in der es sich um δικαιοσυνη θεου handelt. Ferner die Abwägung der guten und bösen Werke, die Behandlung des Glaubens
selbst als eines guten Werkes, die Coordination von Werk und Glauben,
dementsprechend der Begriff der Gnade, deren man sich würdig macht
durch jene Leistungen, endlich die Furcht vor dem Gericht und Unsicherheit des Heils — in dem allem nun die schärfsten Antithesen
bei Paulus, wie betreffs der ersten Punkte formale Gleichheit. Und
als tiefster Grund dort ein Begriff von gutem Werk, von gerecht, der
das Urteil berechtigt „die Abgründe des Menschenherzens hat Altisrael nicht geprüft" (Schulz), aber einst hatte doch, auch ganz
abgesehen vom zweiten Jesaja, „gerecht so viel bedeutet wie einfältig, schlicht, aufrichtig; jetzt korrekt und legal" (Wellhausen).
Aus dieser Erinnerung an die religiöse Sprache des zeitgenössischen
Judentums ziehen wir an unserer Stelle den Schluss, dass, wenn die
δικαιοσυνη θεου schon im Alten Testament an vielen Stellen kein anderes Verständnis zulässt als rechtfertigende Gerechtigkeit, dies vollends

im Römerbrief an den besprochenen Orten unausweichlich ist, und dass Paulus bei seinen Lesern hiefür auf Verständnis rechnen durfte.

Als kurze Übersetzung empfiehlt sich einerseits „Rechtfertigung Gottes" am meisten. Aber im Deutschen ist es nicht unmissverständlich, weil uns dabei leichter unser Gerechtfertigtwerden, unser Rechtsein im Urteil Gottes, als Gottes rechtfertigende Thätigkeit in den Sinn kommt. Und auch nicht in jeder Beziehung genau ist die genannte Übersetzung. Denn man kann zunächst wenigstens mit Grund einwenden: warum schrieb Paulus in diesem Fall nicht δικαιωσις, das er doch kennt? Aber dieser Einwand wendet sich zugleich auch auf den Angreifer zurück. Denn freilich ist δικαιοσυνη mehr als δικαιωσις und gewiss absichtlich gesetzt, aber eben nicht um eine „Eigenschaft" im (herkömmlichen) dogmatischen Sinn zu bezeichnen, sondern ganz wie das alttestamentliche צדקה, das Wirken und Walten des gerechten Gottes als das seine, als ganz und gar persönliches, nicht irgendwie dingliches, von ihm losgelöstes, und zugleich als das ganz und gar lebendige, aktive, nicht irgendwie als eine „ruhende Eigenschaft", die erst in Thätigkeit gesetzt werden muss, empfinden zu lassen. Es ist, wie wenn Paulus 3,26 mit εις το ειναι αυτον δικαιον και δικαιουντα ausdrücklich auf diesen Sachverhalt hindeuten wollte, den wir in der deutschen Übersetzung mit einem einzigen Wort nicht vollkommen zum Ausdruck bringen können.

Versuchen wir noch durch eine Paraphrase von 1,16 f. uns zu vergegenwärtigen, wie sehr die gegebene Auffassung von δικαιοσυνη θεου dem Zusammenhang entspricht. Ich schäme mich des Evangeliums nicht, sagt Paulus, ist es doch Gottes Kraft zur Rettung (zum Heil) jedem Glaubenden: denn Rechtfertigung Gottes wird in ihm geoffenbart aus Glauben zu Glauben, wie ja geschrieben steht: der Gerechte aber wird aus Glauben leben (der Glaubensgerechte wird leben). Mit a. W.: des Evangeliums schäme ich mich nicht, es ist Gottes Kraft, vermag, was sonst keine Kraft bewirkt, nur Gott wirken kann, es führt zur (ewigen) Rettung, zur Herrlichkeit, zum Leben (über diese synonyma s. nachher!) Denn es wird darin geoffenbart, ohne was es keine Rettung, kein Leben giebt, was die notwendige Voraussetzung (s. gleichfalls genauer im Folgenden) dafür ist, Rechtfertigung Gottes, rechtfertigende Gerechtigkeit Gottes, und zwar (vgl. δικαιοσυνη δε 3_{22} coll. 3_{26}) aus Glauben, denn, das beweist nun 1_{18} — 3_{20}, abgesehen davon, d. h. εξ εργων giebt es keine Rechtfertigung, mithin kein Leben, keine Herrlichkeit. So bezeugt es nemlich schon die Schrift: der Gerechte wird aus Glauben leben, Leben giebt es nur aus Glauben, weil nur aus Glauben Rechtfertigung, wobei für die vorliegende Frage die Beziehung des εκ πιστεως zu δικαιος oder ζησεται zuletzt gleichwertig ist. Aber gewaltiger, unmittelbarer als jede Paraphrase und Erläuterung durch Parallelen bleibt der paulinische Ausdruck: Kraft zur Rettung, denn es wird geoffenbart Rechtfertigung Gottes aus Glauben! Er ist trotz seiner thematischen Kürze verständlich gewesen für die ersten Leser, und er ist weit genug, die ganze Fülle von Beziehungen zusammenzufassen, die den Geist des Apostels bewegen, die er im Verlauf seines Schreibens entwickelt, und die eine lange Geschichte christlichen Verständnisses nicht ausgeschöpft hat.

Aber oben ist hervorgehoben, dass, wenn dies festgestellt, noch ein anderer Beweis zu erbringen, nemlich der, dass δικαιοσυνη θεου, wie unmittelbar jene Bedeutung, so auch sie allein habe. Wie das erste verdeutlicht werden konnte durch eine Auseinandersetzung mit Kühl, so dies durch die Erinnerung an die oben genannte Arbeit von Kölbing. Treffend hat er gezeigt, wie es sich nur um das „Attribut des göttlichen Richterwaltens" handeln könne, und zwar um die „erlösende, freisprechende Gerechtigkeit". Mit Recht sagt er weiterhin, dass „diese freisprechende und erlösende Bethätigung der göttlichen Richterthätigkeit jederzeit Gerechtigkeitsverleihung an den Menschen der Sache nach in sich schliesst". Das ist oben auch wiederholt hervorgehoben worden, damit nicht der Schein entstehe, als wolle durch die richtige Deutung von δικαιοσυνη θεου dies irgend geleugnet werden. Dagegen scheint es mir nicht genau zu sein, wenn Kölbing fortführt: „Gott verleiht ihm Gerechtigkeit im Richterurteil Gottes, dadurch, dass er ihn in die Lage eines Gerechten durch die Heilsverleihung bringt", oder: „indem Gott als Richter den Elenden aus seiner drückenden Lage befreit, schafft er ihm damit sein Recht und stellt ihn als Gerechten vor seinen Richterstuhl hin". Oder: „es handelt sich um dasjenige heilspendende Richterwalten Gottes, welches das durch den Sohn Gottes beschaffte ewige Heil den Menschen verleiht und sie als im Vollsinn des Wortes Gerechte proklamiert". Sehe ich recht, so wird hier aus einer richtigen Beobachtung ein unrichtiger Schluss gezogen. Jene besteht darin, dass im Anschluss nicht nur an den zweiten Jesaja, sondern in tiefem Verständnis für die durch und durch religiöse Betrachtung des Apostels der Gedanke einer Rechtfertigung, die von Heilsverleihung getrennt werden könnte, die nicht im allerrealsten Sinn Erlösung in jeder Hinsicht wäre, ferngehalten werden soll. „Der Weltlenker rechtfertigt durch den Erfolg" gilt im Alten Testament und findet im Neuen seine Vollendung. Aber der unrichtige Schluss liegt darin, dass die Heilsverleihung aus dieser richtigen Beobachtung leicht als der Grund für das Richterurteil Gottes erscheint. Wenigstens der letztgenannte Satz wird leicht so verstanden werden. Dagegen hängt bei Paulus der Nerv des ganzen Beweises gerade daran, dass das logische Prius der Rechtfertigung, des Richterurteils im Verhältnis zur Heilsverleihung mit aller Schärfe betont und festgehalten wird. Gewiss kennt Paulus keine Rechtfertigung ohne Heil, aber in unsrem Zusammenhang lautet die Voraussetzung: kein Heil ohne Rechtfertigung, wie soeben noch einmal durch die Paraphrase von Röm. 1,16 f. erläutert wurde. Das ist die ihm und seinen Gegnern formell gemeinsame These. Seine Antithese ist: δικαιοσυνη θεου εκ πιστεως. Auch der Sprachgebrauch dürfte gegen jene Undeutlichkeit bei Kölbing entscheiden. Das ist schon in der Erklärung des Jesaja ein Fortschritt, dass die unbestimmte, andererseits zu bestimmte Deutung von צדקה Heil, Sieg (vgl. z. B. Knobel-Diestel Comm.[1] 352, dagegen Kautzsch, a. a. O. S. 35 55 „nirgends ist der Begriff trotz des gegenteiligen Scheins in den des objektiven Siegs oder Heils umgesetzt") zurückgedrängt wird (vgl. oben Wellhausen); wie vielmehr ist dies nötig in der dialektisch zugespitzten Verhandlung des Paulus mit seinen judaistischen Gegnern! In der That dürfte es überhaupt verhängnisvoll sein, den Sprachgebrauch des zweiten Jesaja unmittelbar für Paulus zu verwerten und die genannte direktere Anknüpfung für die Formen seiner Entwicklung zu unterschätzen: gerade jene Kölbing'schen Sätze, die ja durchaus nicht Gerechtigkeit und Heil identifizieren, setzen beides doch in einen so engen Zusammenhang, der, wenn je (vgl. Kautzsch a. a. O. S. 21 ff.) bei Deuterojesaja, doch damit noch keineswegs für Paulus nachgewiesen wäre. Hier wird denn auch von selbst deutlich sein, in welchem Umfang die oben aus Psalmen und Deuterojesaja angeführten Stellen beweiskräftig für unsere These sind, je nachdem man, namentlich bei Jesaja, den Begriff näher bestimmt. Unsere Entscheidung ist aber von ihrer Verwertung, soweit die Grundlage disputabel ist, unabhängig. — Um der Wichtigkeit der Sache willen mag auch noch die ähnlich unbestimmte Fassung bei Cremer (a. a. O.) eine Stelle finden: „Gerechtigkeit und Heil gehören zusammen, sowohl weil es gerecht ist, auf das Heil zu warten, als weil das Heil Gerechtigkeit herstellt". Das kann ja ganz richtig gemeint sein, der erste Satz in dem Sinn, den Cremer so ausdrückt: Israels gerechte Sache ist seine Religion; der letztere in dem Sinn, den er sonst mit dem Wort „soteriologisch" bezeichnet, sofern nemlich Gott sein ungerechtes Volk rechtfertigt, indem er selbst durch sein Heil es in die rechte Stellung bringt. Aber man darf eben durch all das nicht die Wortbedeutung verdunkeln, dass es sich um Rechtfertigung und die Frage, worauf sie ruht, handelt. Dieses Bedenken bliebe bestehen, auch wenn die aus Kölbing angeführten Sätze etwa ein anderes Verständnis gestatteten und wie der eben genannte Cremers nur sagen wollten, dass Gott in seinem Heilswalten selbst erst das Volk schafft, das er rechtfertigt. Vielleicht liegt manchmal auch in dem Gebrauch der deutschen Wortes Heil eine gewisse Undeutlichkeit, und ist darin wieder manches Missverständnis begründet. Sofern in der Erlösung durch Christus der rechtfertigende Glaube begründet ist, kann man etwa sagen, die Heilserweisung gehe der Rechtfertigung voraus, bezw. sie falle mit ihr zusammen; aber das ist, wie sofort gezeigt werden wird, nicht der bestimmte paulinische Begriff von Heil, Rettung, Herrlichkeit, Leben u. s. w., und demgemäss ist mit einem so schwebenden Ausdruck wie dem obigen die hier uns beschäftigende Frage nicht zu erledigen.

Es lässt sich nemlich, scheint mir, ein exakter Beweis führen, dass Paulus formell das bei seinen Gegnern vorausgesetzte Schema teilt. Zu diesem Zweck ist Röm. 5$_{1-11}$ wie 5$_{12-21}$, weiterhin auch Kap. 6—8, wohl bisher viel zu wenig benützt worden. Nach 5$_1$ rühmen sich die Gerechtfertigten der Hoffnung der Herrlichkeit, während, abgesehen von der Glaubensrechtfertigung, alle der δοξα θεου ermangeln 3$_{23}$. Die Gerechtfertigten werden gerettet werden 5$_{9\ 10}$ und zwar ἀπο της ὀργης, der 1$_{18}$ ss über alle sich offenbart, die nicht die δικαιοσυνη θεου rettet. Die Gnade herrscht δια δικαιοσυνης εἰς ζωην αἰωνιον 5$_{20}$, dagegen die Sünde im Tod. So deutlich als möglich gehören σωτηρια, ζωη, δοξα als wesentlich gleichwertige Begriffe zusammen (in Betreff des letzteren ergiebt sich also nebenbei, wenn man nur ganz einfach die Stellen zusammenliest, die definitive Unmöglichkeit der Übersetzung Ehre vor oder aus Gott, selbst wieder für unsre Fassung von δικαιοσυνη θεου eine Stütze); andererseits ist in Beziehung auf sie alle ganz klar ausgesprochen, dass die Rechtfertigung nicht mit ihnen zusammenfällt, sondern dass die Rechtfertigung in sie einführt, ihre Voraussetzung ist. Der Ausdruck δικαιωσις ζωης 5$_{18}$ drängt allerdings beide aufs engste zusammen, weil sie, wie schon gesagt und noch weiter auszuführen, untrennbar zusammengehören; aber nicht weil sie zusammenfallen, nicht weil der Wortbegriff δικαιοσυνη-ωσις etc. irgend in seiner bestimmten Bedeutung alteriert würde; mit a. W. δικαιωσις ζωης ist nach dem klaren εἰς und den genannten Parallelen zu erklären. Eine besonders wichtige Parallele ist noch nicht erwogen: in 1,16 f., in dem anerkannten Thema des Briefs haben wir dieselben Begriffe in derselben logischen Folge wie in Kap. 5 (vgl. 6—8, besonders auch das ἐδικαιωσε — ἐδοξασε 8,30), nemlich σωτηρια und ζησεται im Verhältnis zu δικαιοσυνη und δικαιος.

Diese Verhältnisbestimmung der Leitbegriffe hat im Römerbrief eine solche Regelmässigkeit, dass eine kleine Abschweifung auf die Gedankenordnung des Briefs erlaubt scheint. Bekanntlich ist der Streit, ob innerhalb der Ausführung 1,18—8,39 der grössere Einschnitt in 6,1 (so die meisten) oder in 5,1 (so Weizsäcker in der Übersetzung) anzusetzen sei, noch nicht geschlichtet. Nun tritt aber das Wort „Leben", wie wir soeben sahen, in Kap. 5 als Leitwort hervor, und zwar noch viel mehr, als die wenigen Beispiele zeigen konnten; vom „Leben" aber ist, in eigentümlicher Wendung, auch im 6. Kap. die Rede, während 8,12 ff. deutlich zu dem Sinn von „Leben" in 5,1 ff. zurückkehrt. Also Kap. 5—8 gehören jedenfalls eng zusammen. Wird dies zugestanden, so tritt aber der Satz des Themacitats ὁ δικαιος ζησεται, dessen Sinngleichheit mit δικαιοσυνη θεου — εἰς σωτηριαν konstatiert wurde, in ein ganz neues Licht. Es ist dann durchaus einleuchtend, dass Paulus zuerst 1,18—4,25 sagt, was er unter δικαιοσυνη θεου meine, von 5,1—8,39, was für eine ζωη, σωτηρια zu dieser δικαιοσυνη θεου gehört, das alles natürlich nicht in systematischer Ausführung, sondern wie es der Zweck seines Briefs mit sich brachte. Bei dieser Auffassung ergeben sich dann auch Beiträge für die inhaltliche Bestimmung der ζωη in Kap. 6—8; die äusserliche Nebeneinanderstellung „religiöses Leben" „sittliches Leben" ist schon durch den engen Zusammenhang ausgeschlossen und durch das fast unmerkliche Zurückmünden der Gedankenreihe 6,1 ff. in die von 5,1 ff. bei 8,12 ff. Wie man darüber auch urteile, die Beobachtung, die diesen Exkurs veranlasste, wird davon nicht berührt, dass der Wortbegriff δικαιοσυνη θεου nicht mit fremdartigen Elementen verwirrt werden darf; es bleibt bei rechtfertigender Gerechtigkeit Gottes.

<small>Lediglich der Vollständigkeit wegen, nicht als ob es für die hier vertretene Ansicht in Betracht käme, sei noch darauf hingewiesen, dass, wenn man im Römerbrief in wirklicher oder vermeintlicher (s. fr.) Berechtigung durch Deuterojesaja die paulinische δικαιοσυνη θεου mit »Heil Gottes« sogar übersetzen wollte, ganz ähnlich wie bei »Gerechtigkeit« sich die Frage erheben würde, ob heilschaffende Thätigkeit Gottes oder das von Gott ausgehende hergestellte Heil, vgl. dazu wieder Kautzsch a. a. O. Hier aber würde auch der bei »Gerechtigkeit« als undeutlich abgelehnte reine gen. possess., das Gott eignende Heil, in Betracht kommen können. Nur insofern mag die Erinnerung an diese Übersetzung der Sache selbst zu gute kommen, als so besonders überzeugend hervortritt, wie unbestimmt und stumpf die ganze paulinische Dialektik bezw. Polemik des Galater- und Römerbriefs dadurch würde.</small>

Aber eben dadurch sind wir genötigt, noch auf eine Reihe von Beziehungen der δικαιοσυνη θεου einzugehen, wodurch das bisherige erst ganz deutlich und unmissverständlich werden kann. Zwar die Frage nach der objektiven Vermittlung der δικαιοσυνη θεου durch die απολυτρωσις εν Ί. Χρ. muss hier beiseite bleiben, das ist eine Untersuchung für sich. Aber einmal das εκ πιστεως muss genauer ins Auge gefasst werden, dann die eschatologische Farbe des Begriffs δικαιοσυνη θεου, womit von selbst die zuletzt besprochene Frage nach dem Verhältnis von Gerechtigkeit und Heil ihren Abschluss finden wird, wie durch das erste die nachgewiesene forensische Bedeutung des Wortes überhaupt: übrigens so, dass beide noch ausstehende Erläuterungen auf jene beiden Fragen der Natur der Sache nach genauere Antwort geben.

Wenn oben der Satz richtig war, dass δικαιοσυνη θεου formell Gemeinbesitz zwischen Paulus und seinen Gegnern sei, so ist darin der andere enthalten, dass auf das ἐκ πιστεως 1_{17} δια πιστεως 3_{22} der entscheidende Nachdruck fällt. 3_{22} mag es durch sein δικαιοσυνη δε πιστεως wahrscheinlich machen, dass δικαιοσυνη ἐκ πιστεως in 1_{17} trotz der entfernteren Wortstellung von Paulus mit δικαιοσυνη θεου als ein Begriff zusammengedacht ist, und die Trennung nur den Zweck hat, zunächst den Worten δικαιοσυνη θεου ἀποκαλυπτεται ihre relative Selbständigkeit zu lassen, die sie in der That haben, vgl. oben: Kraft zur Rettung ist das Evangelium, denn Rechtfertigung Gottes wird darin geoffenbart; dann erst folgt, an der zweiten und zwar stärkeren Tonstelle des Satzes ἐκ πιστεως, im Deutschen mit einem nemlich zu verdeutlichen oder mit einem vorgesetzten Gedankenstrich. Aber es kommt für das letzte Verständnis der Sache bei unsrer Deutung gar nicht darauf an, ob man δικαιοσυνη θεου in 1_{17} zu einem Begriff mit ἐκ πιστεως verbinde oder nicht. Auch wenn man es streng zu ἀποκαλυπτεται bezieht, bleibt sich der Sinn wesentlich gleich, weil ja für uns δικαιοσυνη θεου ein den Lesern in diesem Zusammenhang mit σωτηρια unmissverständlicher Begriff ist, der nicht erst von ἐκ πιστεως wie bei Kühl seine „ihm an sich nicht zukommende Bedeutung" gewänne. Die Rechtfertigung Gottes geschieht nicht ἐξ ἔργων, sondern ἐκ πίστεως, das ist jedenfalls der entscheidende Gedanke, mag man ἐκ πίστεως grammatisch beziehen wie man will. Aber nun handelt es sich um die Frage, welche Bedeutung Paulus der πίστις in Verhältnis zur δικαιοσύνη θεοῦ anweist. Scharfsinnig hat hier Kühl, im Zusammenhang mit seiner an sich allgemeinen Fassung von δικαιοσύνη θεοῦ, Folgendes nachzuweisen gesucht. Die Norm der Gerechtigkeit ist im Alten Testament das Gesetz; so lang diese gilt, kann nur Verdammnis der Menschen eintreten. Soll der göttliche Heilswille durchgeführt werden, so muss eine andere Norm der Gerechtigkeit geoffenbart werden. Das ist die des Glaubens an Christus. Dadurch wird es ermöglicht, dass die Bethätigung der Gerechtigkeit Gottes in Zukunft nicht mehr in Widerspruch trete mit den göttlichen Liebesabsichten. Es wurden in den Heilsthaten des Neuen Bundes die Mittel gefunden, die es ermöglichen, die Forderung der göttlichen (Straf-)Gerechtigkeit und damit die Notwendigkeit eines Strafakts überhaupt aufzuheben (a. a. O. 32 f.). Es wird also bei Kühl der paulinische Ausdruck νόμος ἔργων und νόμος πίστεως 3₂₇ zum eigentlichen Angelpunkt der ganzen Auffassung gemacht. Ohne Norm keine Gerechtigkeit, einst die Norm der ἔργα, jetzt der πίστις. Wir wollen hier nicht die Gegengründe gegen diese ganze Fassung der δικαιοσύνη wiederholen, auch nicht untersuchen, ob sie von diesem doppelten νόμος ausgieng, und nicht vielmehr umgekehrt sie diese Deutung des νόμος forderte. Nur im Vorbeigehen sei darauf hingewiesen, dass es dann doch höchst auffallend wäre, wenn Paulus nicht zu Anfang 1₁₇ und wieder 3₂₁ diesen entscheidenden Gedanken, die Änderung des νομος δικαιοσυνης klar hervorhöbe, was sich sehr leicht in den Zusammenhang hätte einfügen lassen, dass er vielmehr erst so spät und wie zufällig auf dieses paradoxe νομος πιστεως kommt. Und 9,30, das zunächst für eine solche Ausnützung des entgegengesetzten νομος δικαιοσυνης sprechen könnte, zeigt bei näherem Erwägen, dass hier gar nicht in demselben Sinn wie 3,27 von νομος die Rede sein kann; denn Israel jagte doch nicht einer Norm der Gerechtigkeit nach, sondern die hatte es im Gesetz. (Man müsste dann doch viel lieber statt der von Kühl S. 43 a. a. O. gegebenen Deutung ebenso wie bei der natürlichen übersetzen: sie jagten der Norm der Gerechtigkeit, die sie hatten, nach, = sie verfolgten sie mit Eifer. Nur wäre überhaupt zu zeigen, wie ein Leser auf dieses Verständnis „Norm der Gerechtigkeit" hätte kommen können, ohne dass ihm die neuesten Commentare zur Verfügung standen.) Aber wie dem immer sei, wir brauchen die ganze Betonung der Stelle vom νομος πιστεως gar nicht, sie ist nur unentbehrlich bei Kühls Fassung der δικαιοσυνη θεου, die an sich ganz unbestimmt erst durch das ἐκ πιστεως die im Zusammenhang, wie er richtig erkennt, notwendige Bedeutung der rechtfertigenden Gerechtigkeit bekommt. Und sie ist nicht nur entbehrlich, sie ist im Widerspruch mit der paulinischen Grundanschauung (vgl. Kaftan Theol. Lit. Z. 1890, S. 399 ff.). Die πιστις kommt, sagt Kühl, als etwas zu stehen, was der Mensch auf jeden Fall leisten muss, wenn anders die neue δικαιοσυνη θεου sich auf ihn erstrecken soll, der Glaube ist Gehorsamsthat des Menschen (30 a. a. O.). Gott hat es aus Gnaden so geordnet, dass er diese Leistung der πιστις gelten lässt als genügende Voraussetzung für die Bethätigung seiner gerechtsprechenden Gerechtigkeit. Man mag das modifizieren, wie man will, paulinisch klingt es nicht. Besonders wenig, wenn gefordert wird, man müsse nur immer dem wehren, dass die Bethätigung jener gerechtsprechenden Gerechtigkeit Gottes als ganz normale Gegenleistung von Seiten Gottes, nemlich zum Glauben als einer vom Menschen geforderten Leistung, als einer Gehorsamsthat, angesehen wird. Dass eine solche Wertung des Glaubens, auch wenn man die ὑπακοὴ πίστεως in keiner Weise unterschätzt, dem Apostel fremd ist, oder dass doch die hier gewählten Ausdrücke die denkbar missverständlichsten sind, bedarf keines Beweises. Aber ein Problem, das wirklich vorliegt und immer wieder sich hervordringen wird, ist allerdings durch diese Überspannung deutlicher geworden. Darüber kann kein Zweifel sein, dass Paulus in der Antithese zu dem δικαιοῦσθαι ἐξ ἔργων den Glauben in einer Weise betont, die nach seinen eigenen Voraussetzungen Schwierigkeiten bietet. Unleugbar hat er an die Stelle, wo nach der gegnerischen Auffassung die Werke stehen, den Glauben gerückt. Dies ist klar bei unserer Fassung der δικαιοσύνη θεοῦ; es ist aber auch ganz abgesehen hievon unbestreitbar, das λογίζεσθαι εἰς δικαιοσύνην formuliert ja den Gedanken möglichst scharf, und die äusserste Spitze dieser Betrachtung bezeichnet jener νόμος πίστεως in 3,27, freilich so, dass hier gerade die Paradoxie sich ankündigt, sie drückt nicht die ganze Wahrheit aus, die Paulus meint. Nun ist aber dieser Glaube doch selbst Wirkung Gottes. Das τῇ αὐτοῦ χάριτι in 3,24 umfasst auch die πίστις in 3,25, nicht als leugnete Paulus irgend den persönlichen und, recht verstanden, ethischen Charakter des Glaubens, aber er ist und bleibt das Gegenteil aller Leistung, Verzicht auf sie 4₄ f. 4₁₆ f., rechtfertigt gerade sofern er von Gottes Gnade in Christus hervorgerufen und auf sie gerichtet ist. Treffendes hierüber hat Schlatter (a. a. O. S. 197 ff.) ausgeführt. Nur darf man bei voller Pietät gegen das Wort des Apostels ausdrücklich hervorheben, dass jene Stellung der πιστις wesentlich eine polemische Spitze und eben darin ihr Recht hat. Ja es sieht manchmal aus, wie wenn Paulus im Moment, da er das Stärkste sagt, es mildere. Nicht nur ist das δια πιστεως in 3₂₂ um ein Kleines weniger als das ἐκ πιστεως und vollends das πιστιν λογιζεσθαι εἰς δικαιοσυνην. Vielleicht ist auch das merkwürdige εἰς πιστιν in 1₁₇ ursprünglich nichts anderes als eine Limitation des ἐκ durch ihn selbst; findet die Rechtfertigung in Glauben hinein statt, so hat er nicht ganz dieselbe Stelle, wie wenn sie von Glaube aus stattfindet. Und selbst jenes Paradoxon vom νομος πιστεως ist, wie soeben angedeutet, als solches geeignet, auf die Grenze seiner Geltung aufmerksam zu machen. Es muss aber auch daran erinnert werden, dass das hier vorliegende Problem von selbst darauf hinweist, die ganze „Rechtfertigungslehre" des Apostels als einen Ausdruck seiner Glaubenserkenntnis zu verstehen, dem andere ergänzend zur Seite treten (vgl. z. B. Schlatter a. a. O. mit Weizsäcker apost. Zeitalter S. 144 ff.).

Dies wird auch in unsrem beschränkten Zusammenhang noch deutlicher, wenn, gemäss dem zuvor angegebenen Gedankengang, ein Wort über die eschatologische Seite der δικαιοσυνη θεου jetzt seine Stelle findet. Es ist ein besonderes Verdienst Kölbings, dass er dies betont hat (a. a. O. S. 8 ff.). In der Art aber, wie er den Gedanken durchführt, darf manches wohl näher bestimmt werden. Zunächst müssen wir auch hier das Verhältnis zwischen Heilsverleihung und Rechtfertigung wie oben beanstanden; die Rechtfertigung hat trotz aller Unlöslichkeit des Lebens, der Herrlichkeit, des Heils von ihr, in dieser Dialektik ihre Selbständigkeit, darauf ruht geradezu der Beweis. Sodann erschwert sich Kölbing das Verständnis der Thatsache, dass Paulus das auch bei ihm zukünftige Weltgericht durch das δικαιοσυνη θεου αποκαλυπτεται in gewissem Sinn in die Gegenwart rückt, durch eine Reflexion darüber, dass in der Apokalyptik die himmlischen Wesenheiten und Kräfte längst vorher nicht nur in der Verborgenheit des Himmels existieren, sondern auch bereits auf Erden in Wirksamkeit treten, ihr dereinstiges endgiltiges Offenbarwerden vorbereitend. Das scheint mir ein unnötiger und doch nicht sicher zum Ziel führender Umweg. Mit jenem Hereinwirken der himmlischen Wesenheiten ist es ausserhalb des Christentums nirgends rechter Ernst, es bleibt bei der Sehnsucht, erst die Thatsache Christus bringt den Umschwung. Wenn aber Kölbing als den eigentlichen Grund für das Hereinziehen der δικαιοσυνη θεου in die Gegenwart anführt, gegenüber den Judaisten, die Paulus vorwarfen, er spreche das Heil zu, ehe man im Urteil Gottes als gerecht gelten könne, habe er in der den Heilstand begründenden göttlichen Gnade den Beginn des himmlischen Weltgerichts sehen können, das ja nach der Apokalyptik sofort beim Eintritt der messianischen Zeit und zwar mit dem Akt der Heilsverleihung in Wirksamkeit treten solle, so dürfte das nur richtig sein, wenn man das eben beanstandete Verhältnis von Rechtfertigung und Heilsverleihung anerkennt, so sehr berechtigt nach dem soeben wieder Gesagten der nachdrückliche Hinweis auf die sachliche Untrennbarkeit von Rechtfertigung und Heil ist. Aber auch von dem allem abgesehen, ist die äusserste Vorsicht bei der Behauptung nötig, dass Paulus das Weltgericht in der Rechtfertigung antizipiert habe; man kommt nur zu leicht zu dem in seiner Allgemeinheit jedenfalls falschen Satz, dass Paulus den Schwerpunkt der Anschauung vom Christentum aus der Zukunft in die Vergangenheit verlege. Der fruchtbare Hinweis Kölbings auf die Eschatologie wird vielleicht überzeugender durch folgende einfache Gedankenreihe, die sich aus der Exegese selbst ergiebt. Zunächst ist es wirklich unleugbar, dass Paulus die Rechtfertigung als künftige in dem bevorstehenden Weltgericht betrachtet und als gegenwärtige. Das erstere ist durch Gal. 5,5 unwiderleglich bezeugt, im Zusammenhang dieses Briefes doppelt beweiskräftig, in dem das letztere durch 3,1 ebenso zweifellos ist, denn der gegenwärtige Geistesbesitz wird ja hier als Zeugnis für die Rechtfertigung aus Glauben aufgerufen. Im Römerbrief aber stehen neben dem ἀποκαλύπτεται δικαιοσύνη 1,17 und dem für unsere Frage noch stärkeren πεφανέρωται 3,21 sowie dem δικαιούμενοι 3,24 die bekannten wiederholten Futura in Cap. 2 und das aus naheliegenden Gründen noch weniger zu beseitigende δικαιώσει 3,30. Nun braucht Paulus, wo er von der Rechtfertigung als gegenwärtiger redet, ausdrücklich das Wort, das in der apokalyptischen Sprache überhaupt wie für Paulus die Enthüllung der verborgenen himmlischen Welt und eben damit den Anbruch des künftigen Aon bezeichnet, ἀποκαλύπτεται 1,17 und, mit anderer Beziehung, πεφανέρωται 3,21. Was die andern erwarten, ἀποκάλυψις δικαιοσύνης, für die Gemeinde ist es da. Und wodurch, sagt

3,21 ff. mit wünschenswerter Deutlichkeit: durch die Erlösung in Christus, indem Gott ihn als ἱλαστηριον προεθετο, womit nach der Gesamtanschauung des Paulus (vgl. hier 4,25) die Auferstehung, diese grosse Thatapokalypse Gottes, der ἐπουρανια, der ζωη, des πνευμα, der δοξα unzertrennlich verbunden ist. So aber ist verständlich, warum, was Gegenwart ist, auch noch Zukunft bleibt. Christus ist offenbar und verborgen, künftiger vollkommener Offenbarung entgegengehend, also auch die δικαιοσυνη θεου: nicht mehr und nicht weniger als bei demselben Paulus σωτηρια, βασιλεια, υιοθεσια, ζωη, ja recht verstanden selbst δοξα, zukünftig und gegenwärtig ist. Gegenwärtig nicht in schattenhafter Existenz, wie sie Wunsch und Ahnung erträumen, sondern so wesenhaft, als Christus kein Traum ist; zukünftig nicht, als wäre diese Zukunft nur Sinnbild eines unendlichen Fortschritts schon befriedeter Gegenwart, sondern so unentbehrlich und heiss ersehnt, weil Christus noch verborgen ist in Gott. Man kann ja im einzelnen über die Worte lang streiten, aber wer ohne Vorbehalt anerkennt, wie in Römer 8 das πνευμα υιοθεσιας empfangen ist, und die υιοθεσια erwartet wird, für den ist die Sache, um die es sich handelt, nicht zweifelhaft. Die Gegner des Paulus warten auf die ἀποκαλυψις δικαιοσυνης θεου ἐξ ἐργων, für Paulus ist die ἀποκαλυψις δικαιοσυνης θεου ἐκ πιστεως Ἰησου gegenwärtig und zukünftig, in seinem Tod und seiner Auferstehung ist begonnen, was seine Wiederkunft vollendet. Beides, Anbruch und Vollendung sind zeitlich nah zusammengerückt, wie sie dem Wesen nach zusammengehören.

Und wie die Rechtfertigung Besitz und Erwartung ist, so auch der ganze Schatz himmlischer Güter, der dem Gerechtfertigten zukommt, sowohl wie er in jenen Worten sich für seinen überschwenglichen Inhalt einen irdischen Ausdruck schafft (σωτηρια, ζωη, βασιλεια, πνευμα, δοξα u. s. w.), als wie er in dem, was wir das sittliche Leben nennen, sich auswirkt. Römer 5₁ ff. 8₂₈ ff. zeigen ja, unwillkürlich in der Form von Triumphgesängen, wie der Gerechtfertigte jenes Gut besitzt, und dieselben Worte sind zugleich Zeugnisse der Hoffnung auf ihren Vollgenuss; Röm. 6₁ ff. und der ganze „paränetische Teil" des Briefs zeigen, welche neuen Kräfte und Pflichten das Handeln der Gerechtfertigten beherrschen, wie sie aber auch in dieser Beziehung der vollen Wirkung des πνευμα sich erst entgegensehnen. Und damit hängt es wieder zusammen, dass Rechtfertigung und Heil selbst unter sich bald aufs engste verknüpft, bald bestimmt unterschieden werden. Die Einheit im Unterschied von Gegenwart und Zukunft erlaubt es dem Apostel, manchmal die Rechtfertigung ganz mit dem Leben, das dem Gerechtfertigten zu teil wird, zusammenzuschauen. Der Unterschied in der Einheit umgekehrt erlaubt es ihm, beides scharf zu trennen. Im Römerbrief mag das bezeichnendste Beispiel der Zusammennahme 4₁₃ sein, wo ohne jeden Übergang an die Stelle der δικαιοσυνη die επαγγελια, bzw. κληρονομια tritt; das der Unterscheidung das schon oben besprochene σωθησομεθα im Verhältnis zu δικαιωθεντες 5₉. Auch das Einrücken der πιστις an die Stelle der εργα dürfte von hier aus verständlicher und unmissverständlicher werden *). Eine Reihe

---

*) Die Ausführung im Text beweist zugleich, dass, was sich zunächst nahe zu legen scheint, auch mit der Unterscheidung, die Rechtfertigung in der Gegenwart sei auf den einzelnen bezogen und forensisch, die im Endgericht auf die ganze Gemeinde bezogen und realistisch-soteriologisch, dem Sinn des Apostels nicht entsprechen würde.

von Fragen, die der spätern Dogmatik so viel Not gemacht, existieren nicht in der gleichen Weise für die richtig verstandene eschatologische Stimmung des Apostels, und auf der Grenze der exegetischen Untersuchung darf man wohl hinzufügen, sie sind auch für uns nur in dem Mass lösbar, als wir, unter veränderten äussern Verhältnissen, den Kern jenes christlichen Glaubens auch den unsern heissen dürfen.

Von den am Anfang genannten neun Stellen sind im Bisherigen fünf einheitlich erklärt. Das ist schon quantitativ betrachtet ein grösseres Ergebnis, als das zunächst scheint, denn bei der hergebrachten Deutung wird eigentlich immer nur 1,17 und 3,21 22, etwa noch 10,3 einheitlich verstanden, während die mit 3,21 so eng verwachsenen Verse 3,23 und 24 einen andern Begriff von δικαιοσυνη enthalten sollen, was ja schon zu Anfang bedenklich machen musste. Dazu kommt aber, dass das Ergebnis in den besprochenen Stellen prinzipiell unabhängig ist von den noch übrigen. Nicht nur überhaupt, weil ein Blick auf die Concordanz der LXX und naheliegende Überlegung des Begriffs δικαιοσυνη zeigen muss, ein wie mannigfaltiger Gebrauch des Wortes möglich ist, so dass also schon deswegen das etwaige Vorkommen in anderem Sinne als dem oben bestimmten diesen nicht erschüttern kann, wo er durch den Zusammenhang gefordert wird. Noch wichtiger ist, dass die übrigen Stellen, wie immer man sie fassen möge, keinenfalls so eng zusammengehören, wie die bisherigen. Die eine 3,5 ist gegen die besprochenen offenbar indifferent, hat mit ihrem Gedankengang unmittelbar gar nichts gemein; eine zweite, 2 Cor. 5,21, ist bei jeder Erklärung schwierig, weil sie deutlich eine im Gegensatz zu dem ἁμαρτιαν ἐποιησεν gebildete grossartige Anschauung ist, nicht wie jene obigen direkt lehrhaften Charakter hat. Nur die dritte und vierte der noch übrigen, Röm. 10₃, machen sofort und wohl mit Recht den Eindruck, dass sie mit den behandelten genau auseinandergesetzt werden wollen und müssen.

In 10₃ macht der Gegensatz von ἰδια δικαιοσυνη zunächst, namentlich wenn man von der gewöhnlichen Erklärung der Philipperstelle 3₉ ausgeht, geneigt, δικαιοσυνη θεου von der Gottgeschenkten menschlichen Gerechtigkeit zu verstehen, in welchem Fall freilich ἐκ θεου viel deutlicher wäre. Dagegen ist es den Vertretern dieser Ansicht immer nicht leicht geworden, von hier aus das οὐχ ὑπεταγησαν ganz natürlich zu erklären. Gewiss ist es nicht unmöglich, wenn man, leicht verschiebend, erklärt: der Norm der gottgeschenkten Gerechtigkeit ordnen sie sich nicht unter; aber weit lebendiger, anschaulicher bleibt dieser starke Ausdruck, wenn es sich um Unterordnung unter ein göttliches Walten, eine göttliche Willensthat und Offenbarungsthat handelt. Und hiebei ist umgekehrt der Gegensatz zu ἰδια δικαιοσυνη keineswegs unverständlich: die eigene selbsterworbene Gerechtigkeit und Gottes freisprechende Richterthat, sofern ja jene gar nicht eigentlich in dieser begründet ist, sondern nur von ihr anerkannt wird. Immerhin mag man den Wechsel in der Bedeutung von δικαιοσυνη auf so engem Raum auffallend finden. Nun, dann ist zu erwidern: es sei noch gar nicht ausgemacht, dass ἰδια die selbsterworbene Gerechtigkeit ist. Es liegt vielleicht gleich nahe, an Luk. 19₂₉ 16₁₅ zu denken, an das „sich Selbstrechtfertigen" der Pharisäer. Ein Gegensatz von grosser Kraft: ihre eigene Rechtfertigung wollen sie aufrichten, die Gottes verkennen sie. Aufs schönste erklärt sich auch hiebei, dass im Unterschied von 1₁₇ und 3₂₁ = das θεου den denkbar stärksten Ton hat. Und dass in 9₃₂ ἐξ ἔργων steht, beweist nichts gegen diese Fassung, denn die eigene Rechtfertigung leitet sich selbstverständlich von den ἔργα ab.

Im Licht von 10₃ muss nun auch noch einmal Phil. 3₉ in Erwägung genommen werden. Sicher ist auch hier keineswegs die übliche Deutung auf die von Gott aus verliehene menschliche Gerechtigkeit: es kann ganz wohl das τὴν ἐμήν dem τὴν ἰδίαν in Röm. 10₃ im eben erläuterten Sinn entsprechen. Immerhin mag hier jene Fassung, besonders im Blick auf das erwähnte צדקתי מאתי Jes. 54₁₇ wahrscheinlicher sein. Nur müssten wir dann wie von Anfang an dabei bleiben, das aus diesem ἐκ θεου in Phil. 3₉ nicht δικαιοσυνη θεου in 1₁₇ etc. erklärt werden dürfe.

Zu 2 Co. 5₂₁ soll mit demselben Vorbehalt begonnen sein. Aber die übliche Fassung ist eben hier wieder keineswegs so einfach und natürlich, als man glauben zu machen sucht. Gewiss nimmt zunächst der Gegensatz dafür ein: Christus zur Sünde gemacht, wir in ihm lauter Gerechtigkeit. Man denkt an Luthers seligen Wechsel in der „Freiheit eines Christenmenschen". Wenn nur nicht θεου dabei stünde, sondern nichts oder etwa ἐνώπιον θεου. „Von Gott aus" ist in diesem Zusammenhang kaum nachzuempfinden. Daher könnte man geneigt werden, es einfach zu belassen bei Gottes Gerechtigkeit. Aber gerecht wie Gott ist wohl kein paulinischer und überhaupt kein biblischer Gedanke. Will man im biblischen Sprachgebrauch bleiben, so bieten sich etwa Aussagen zur Verdeutlichung „gerecht sein in Jh." „oder Jh. ist unsre Gerechtigkeit". Sobald man aber dies wieder genau nimmt, kommt man auf die Rechtfertigung hinaus, die man ablehnen will. Aber warum denn nicht: Rechtfertigung Gottes, lauter Rechtfertigung Gottes sind wir in ihm, sie macht unser Wesen aus, eine in dem grossartigen Gegensatz wohl verständliche Metonymie. Dann würde man wohl auch geneigt werden, 1 Co. 1,30 zu fassen: Christus ist uns geworden Rechtfertigung, sozusagen die verkörperte Rechtfertigung. Und überhaupt würde man dann bereiter, die zu Anfang offen gelassenen Stellen ebenso zu übersetzen; 5,21 8,10 und etwa auch 9,30 Rechtfertigung, 4,13 Glaubensrechtfertigung.

Endlich ein Wort über Röm. 3,5. Hier an Rechtfertigung Gottes im Sinn von 1,17 u. s. w. zu denken, liegt nach dem Zusammenhang ganz fern. Ja, wenn das Wort in einem Gedankengang wie 5,20 oder 5,21 stünde, sofern dort gesagt sein könnte, dass die Rechtfertigung Gottes aus Glauben ins Licht gestellt werde dadurch, dass die menschliche Sünde jeden Gedanken an Rechtfertigung Gottes aus Werken unmöglich macht; aber davon ist in 3,5 weit und breit nicht die Rede. Allein auch die oft beliebte, an sich mögliche (s. Concordanz zu LXX) Gleichsetzung mit Treue, Wahrhaftigkeit beachtet den Zusammenhang nicht genau genug. Die Entgegensetzung von ἀδικια ἡμων und θεου δικαιοσυνη, die ja durch die chiastische Wortstellung lebhaft ausgeprägt ist, und das δικαιωθῃς unmittelbar vorher drängt zum Festhalten des unmittelbaren Wortsinns Gerechtigkeit. Entrüstet weist Paulus den Gedanken ab, der menschliche Unglaube (bezw. Untreue) hebe Gottes Treue auf. Vielmehr sei Gott wahrhaftig, jeder Mensch Lügner. Das entspricht dem Schriftwort, nach dem alle menschliche Ungerechtigkeit dazu dienen muss, dass Gott gerechtfertigt werde in seinen Worten und siege, es gewinne, wenn man mit ihm rechtet (wenn er rechtet). Wie man diese Worte verstehe, ist für unsern Zweck einerlei. Der Nachdruck und der Schlüssel für das Verständnis liegt in dem δικαιωθῇς. Immer muss das herauskommen, dass Gott gerechtfertigt dasteht, Recht behält, gerecht ist. Und zwar ganz allgemein. So gewiss die ganze Stelle voll ist von Beziehungen auf die Richterthätigkeit, so gewiss ist doch nicht von verurteilendem oder rechtfertigendem Richten Gottes die Rede, sondern davon, dass er als gerecht dasteht.

So können wir schliesslich sagen: Röm. 10,3 (zweimal) dient sehr wahrscheinlich zur Stütze der in dem Hauptstamm der Aussagen gewonnenen Deutung. Von hier aus fällt auch auf Phil. 3,9 ein neues Licht. 2 Cor. 5,21 ist jene Deutung keineswegs ausgeschlossen. Aber wenn man in beiden Stellen anders erklärt, wird das Resultat in Betreff der zuerst betrachteten nicht umgestossen. Röm. 3,5 aber steht ganz neutral zu der Aufgabe, die uns beschäftigt hat.

Diese selbst ist für sich keine der grossen Aufgaben paulinischer Theologie, zunächst eigentlich nur eine Frage nach der richtigen Übersetzung des Worts δικαιοσυνη θεου. Aber die Lösung hängt doch mit der Sache zusammen, führt in sie hinein, schafft jedenfalls Hindernisse weg, die ihrem vollen Verständnis entgegenstehen. Wir werden, kurz gesagt, lebendiger hineinversetzt in die lebendige Anschauung des Apostels von dem lebendigen Richter Gott, der aus Glauben rechtfertigt, sich in Christi Kreuz und Auferstehung offenbart als den Rechtfertigenden. Indem wir aber dies nachempfinden, tritt die Gewalt des Neuen, das Paulus zu verkündigen hat, deutlicher hervor und ergreift uns gerade in seiner concreten Zeitfarbe mit seiner ewigen Wahrheit. Der Apostel sieht vor sich Gegner, mit denen er sich formell eins weiss in der grössten Frage: wie werden Menschen vor Gott gerecht? Dieser Frage der sittlichen Religion, deren Erkenntnis zu gewinnen Israels schmerzvolle Aufgabe war, um sie allen Völkern als das tiefste Rätsel zu vermitteln, auf dessen Deutung sie nicht verzichten können ausser um den Preis schuldvoller Unseligkeit. Und wie lautet die Antwort? Auf der einen Seite: Rechtfertigung Gottes aus den Werken bei der grossen Offenbarung der Zukunft, wenn vor dem Thron des Weltrichters die ewige Entscheidung fällt, wer ins Reich, ins Leben, in die Herrlichkeit eingehen darf; und einstweilen jetzt schon Selbstrechtfertigung im eigenen Urteil über den eigenen Wert, aber ohne Gewissheit, umgetrieben von Trotz und Hoffart, von Selbstgefühl und Verzagtheit, Werk auf Werk häufend und kraftlos im Wirken, voll tiefen Unmuts, ohne Frieden. Dagegen Paulus: es wird geoffenbart Rechtfertigung Gottes aus Glauben durch die Erlösung in Jesus Christus. Etwas ganz anderes entscheidet, Verzicht auf das eigene Werk, Vertrauen auf Jesus, in dem Gott sich als der Rechtfertigende offenbart, jetzt offenbart, jetzt das Weltgericht vorausnimmt, es einst vollendet. Mitten hinein in diese Offenbarung der Rechtfertigung Gottes durch die Erlösungsthat in Christus versetzt uns Paulus, deswegen ist sein Evangelium Gotteskraft, wer wollte der höchsten Kraft sich schämen, die wirkt, was kein Werk vermag, rechtfertigt, Friede giebt, Leben schafft? Freilich, der Gedanke der Rechtfertigung ist nicht der einzige, in dem der Weltapostel den Reichtum des Weltevangeliums ausprägt; selbst in unserem Brief, dem Brief der Rechtfertigung, tritt ja das Wort bald genug zurück und lässt anderen Raum. Aber was würde aus dem Evangelium, wenn es nicht mehr Rechtfertigung im Gericht Gottes offenbarte? Und diesen Ernst der Frohbotschaft lebendig zu empfinden, sich wirklich in die ursprüngliche Gewalt des Wortes von der Rechtfertigung zu vertiefen, es nicht blos als eine Lehre, sondern selbst als Offenbarung (Röm. 1,16 17) zu erfassen, und so auch den ursprünglichen Sinn, das persönlichste Erleben unseres Reformators immer deutlicher und voller zu treffen, dazu kann auch diese Untersuchung ihren Beitrag liefern.

Denn auch das reformatorische Verständnis der Sache kommt in dem hier begründeten Wortverständnis von δικαιοσυνη θεου lebhafter und vollständiger zum Ausdruck als in dem gewohnten. Nichts von diesem geht verloren, als selbstverständliche Konsequenz bleibt es bestehen, denn, wie sollte rechtfertigendes Walten Gottes nicht Rechtfertigung des Menschen zur Folge haben, Gerechtigkeit die von Gott ausgeht und vor Gott gilt. Aber wichtige Momente der grossartigen Gesamtanschauung kommen umgekehrt bei der hergebrachten Fassung nicht ganz von selbst zur Geltung. So bewährt sich auch an unsrer für sich genommen äusserlichen Frage L u t h e r s Aufforderung, dass wir, so lieb uns das Evangelium ist, über den Sprachen halten sollen.

Dieses sein Wort hat tiefe und umfassende Bedeutung. Für i h n wie für uns die, dass mit der Sprache die Geschichte lebendig wird, das heisst die Geschichte, die mit unserm Glauben unzertrennlich eins ist, in der er seine Quelle und Norm und seinen festen Grund hat. W i r aber wissen unter den Bedingungen einer andern Zeit, wie umdrängt unser Glaube ist von dem Zweifel, ob eine geschichtliche Grösse ewigen Wert haben könne. Jeder kleinste Fortschritt in der Erkenntnis des guten Rechts solcher Überzeugung muss uns willkommen sein. Nun ist ein doppeltes unleugbar. Wir können nicht Christen bleiben, das Evangelium für ewig halten, und dennoch ein ganz Neues, darüber dem innersten Wesen nach Hinausgehendes in irdischer Zukunft, oder ein ganz Anderes, ihm Widersprechendes in einer andern Welt für möglich erachten. Aber wir können auch nicht Christen bleiben, wenn dieses beste, an das wir glauben, als ein in jeder Hinsicht Fertiges, Entwicklungsloses uns gegeben wäre. Haben und Hoffen, Erfüllung und Erwartung, unvergleichlicher Friede und unvergleichliches Vorwärtsdrängen muss eins sein in der Religion, die den Anspruch macht, die wahre zu sein. In ihrer Geschichte treten oft genug beide Momente in Spannung und Gegensatz. Auch in unsrer Gegenwart rühmen die einen thatlose Befriedigung in einer fertigen Vergangenheit, die andern zukunftsreiche That, möge sie immerhin die Geschichte unsres Anfangs als innerlich überwundene Stufe hinter sich lassen. Diese Anfänge selbst aber zeigen, je mehr wir uns in sie hineinleben, jene Einheit einfach und gross, in vielen Punkten, in mannigfaltigen Formen. Sie tritt uns entgegen auch im paulinischen Gedanken der Rechtfertigung, gerade wenn wir ihn in seiner geschichtlichen Bestimmtheit erfassen. Diese Rechtfertigung ist die That des lebendigen Gottes, der inmitten der Geschichte eine Vollendung schafft, die in sich selbst Grund und Kraft eines sonst nach Tiefe und Weite unerreichbaren Strebens, eines siegreichen Kampfes im Dienst der erlösenden Liebe, einer in keine irdischen Grenzen eingeschlossenen schöpferischen Geschichte ist. Und davon war der Reformation eine neue grosse Erfahrung geschenkt; die Gewissheit der Rechtfertigung schuf aufs neue vollen Frieden und lebendige That.

Der Erkenntnis dieser Wahrheit, die jedes Geschlecht neu gewinnen soll und darf, dient in ihrem kleinen Teil auch die richtige Übersetzung der Worte δικαιοσυνη θεου. —

Inhalt.

Aufgabe und Litteratur 3 ff. Notwendige Voraussetzungen 5 ff.

Die entgegenstehenden Möglichkeiten 7 f. Stellenmaterial 8 ff. Einteilungsgrundsatz für die verschiedenen Deutungen 11 ff. Übersichtstabelle der wichtigsten Erklärungen 14 ff., ihrer Verwendung an den einzelnen Stellen 16 ff.

Die Begründung für die vorgezogene Deutung, zunächst indirekte Begründung 18 ff. Unmöglichkeit der kombinierten Deutungen 18 ff. Weitere Vereinfachung der Möglichkeiten der Tabelle 20 ff. Speziell die von Gott ausgehende menschliche Gerechtigkeit 22 ff. Die auffallende Inkonsequenz in der Fassung der einzelnen Stellen 24 ff. Die weitgehende Unsicherheit aus der Geschichte der Exegese erläutert 26 ff. Daher begreifliche Reaktion gegen die hergebrachte Deutung; Bevorzugung des gen. subj. überhaupt, die hiebei wiederum wegfallenden Möglichkeiten in der Fassung von δικαιοσυνη 29 ff.

Positive Begründung, zunächst für 1_{17}. Die allgemeine Möglichkeit des Verständnisses auf Seiten der Leser 31 ff. Der Beweis aus dem Zusammenhang nach rückwärts und vorwärts 33 ff. Verhältnis zu 3_{21} ff. 35 ff.

— 72 —

Genauerer Nachweis, dass diese Fassung direkt durch die Wortbedeutung gegeben ist, Psalmen, zweiter Jesaja, zeitgenössisches Judentum 38 ff. (Übersetzung und Paraphrase 45 f.) Nachweis, dass jene Fassung die im Wort allein liegende ist, Gerechtigkeit und Heil 47 ff. (Ertrag für die Erkenntnis des Gedankengangs des Römerbriefs 51 ff.)

Nähere Bestimmung des ἐκ πιστεως 52 ff. Der eschatologischen Beziehungen der δικαιοσυνη θεου 57 ff.

Das noch übrige Stellenmaterial im Verhältnis zu dem besprochenen 62 f. Röm. 10,3 63 f. (Phil. 3,9.) 2. Cor. 5,21 64 f. Röm. 3,5 65 f.

Ergebnis der Wortuntersuchung für das Verständnis der Sache 66 ff.

<small>Anm. zu S. 9 unten. Der Ausdruck „Bestimmtheit der betreffenden Subjekte" ist im weitesten Sinn gemeint, denn dass ἁμαρτία bei Paulus wesentlich Sündenmacht ist, soll selbstverständlich nicht geleugnet werden.
Anm. zu. S. 63 unten Lies Luc. 10,29 statt Luc. 19,29.</small>